CW01645185

ab
ril

Primera edición: Noviembre de 2008
Segunda edición: Diciembre de 2008

Edita: Cobel

Edificio INBISA
Avda. Pirineos, 7
28700 - San Sebastián de los Reyes
Madrid (España)
Tel. 91 658 64 54

www.manglanitos.es
pedidos@manglanitos.es

Con licencia eclesiástica. Archidiócesis de Madrid

2ª edición

ABRIL

¡Resucitó!
Apóstoles de la alegría.

DOS IDEAS PREVIAS

Se trata de que hagas oración cada día. Todos los días puedes empezar el rato de oración con la **"oración inicial para cada día"**. Después, lees con atención el **"texto de cada día"** y, lo más importante, charlas con Dios, con María... con tus palabras, de lo que has leído y de lo que quieras. Por último, puedes terminar rezando la **"oración final"**.

Dos ideas previas:

1. PROHIBIDO CORRER: Es corto; no tengas prisa en acabar. No es leer y ya está.

2. LO QUE NO ESTÁ ESCRITO: ¿Sabes qué es lo mejor de este libro? Lo que no está escrito y tú le digas; la conversación que tú, personalmente, tengas con él.

ORACIÓN INICIAL PARA CADA DÍA

Espíritu de amor, creador y santificador de las almas, cuya primera obra es transformarnos hasta asemejarnos
a Jesús, ayúdame a parecerme a Jesús,
a pensar como Jesús, a hablar como Jesús,
a amar como Jesús, a sufrir como Jesús,
a actuar en todo como Jesús. Espíritu Santo, quiero hacerme dócil a tu enseñanza y vivir fiel a los más pequeños toques de tus inspiraciones divinas.
Sé mi luz y mi fuerza. Tú que hablas en el silencio del alma, dame el espíritu de recogimiento. Tú que desciendes a las almas humildes, dame espíritu de humildad, enséñame a vivir de tu amor y enséñame
a repartir amor a mi alrededor.
Amén.

ORACIÓN FINAL PARA CADA DÍA

Reina del cielo, alégrate, aleluya,
porque el que mereciste llevar en tu seno, aleluya,
ha resucitado según predijo, aleluya.
Gózate y alégrate, Virgen María, Aleluya,
porque ha resucitado según predijo, Aleluya.

Virgen del Perpetuo Socorro,
socorre perpetuamente
a quien perpetuamente os invoca.

O bien:

Jesús, estas verdades que enseñaste a Teresa *(dile aquí tu nombre)*,
mételas en mi cabeza hasta que me las crea,
mételas en mi corazón hasta que las viva:
'Nada te turbe: nada te espante.
Todo se pasa. Dios no se muda.
La paciencia todo lo alcanza.
Quien a Dios tiene nada le falta.
Sólo Dios basta.'

Oración de Santa Teresa de Ávila

Día 1. 'Recalculando'

Me regalaron un gps de la primera generación. No evitó que me perdiese cantidad de veces por Madrid, pero, en cierto modo, sí me enseñó *a vivir*. Introducía en el aparato la dirección a la que me dirigía; él, con la obediencia de la máquina, enseguida me hacía una ruta y, con su mecánica voz femenina, empezaba a darme indicaciones. Pero siempre –¡siempre!–, cuando me encontraba a mitad de itinerario, decía la señorita: 'Pérdida de satélites. Recalculando'.

El gps dejé de usarlo, pero su enseñanza continúa siéndome útil. *Recalculando*. Todos los días debemos recalcular nuestro itinerario. Los hombres tenemos una facilidad mayor que la de mi gps de perder los satélites que nos dan las coordenadas de nuestra vida. ¿Por qué hago las cosas? ¿Qué es lo que busco en mi trabajo? ¿Cómo veo a las personas con las que trabajo? ¿Cómo miro a los de mi familia? ¿Qué es lo que me mueve? ¿Qué me pone nervioso, qué me enfada y porqué? ¿por qué tengo miedo, por qué acumulo tensiones, por qué me siento inseguro? Con facilidad perdemos los satélites, nos despistamos. En lugar de dirigirnos a amar a Dios, a verle y descubrirle en todo, en lugar de querer a los demás y vivir para servirles... resulta que el *yo dictador* toma la voz cantante y nos extraviamos.

Los satélites del cristiano son esas realidades que están siempre ahí, y que pueden indicarnos en cada acción, cada día, el modo de llegar a donde queremos llegar. Verdades como que Dios es mi Padre, que me quiere, que me espera, que está junto a mí y en mí en cada momento, que Jesús ha resucitado, vive y actúa, me ama y acompaña, que ha vencido y con él soy vencedor, que cada prójimo es hijo de Dios y merece todo de mí... son las verdades que me deben dar continuamente la dirección correcta. Pero tendemos a olvidarlo.

Recalculando. Qué importante que es que todos los días volvamos a conectar con nuestros satélites y volvamos a calcular nuestra ruta. Necesitamos momentos concretos para recalcular, no vaya a ser que satélites no cristianos sean los que nos dirijan. Propongo tres momentos fijos para todos los días: nada más levantarnos, hacer un *ofrecimiento de obras* a Dios, cuando nos acostamos un brevísimo *examen de conciencia*, a lo largo del día una *visita a un sagrario*. En el ofrecimiento de obras tomamos contacto con los satélites: le decimos, con las palabras que queramos, que gracias por ese día que nos da, que queremos vivirlo con él, y que querríamos hacer todo lo que él espera que hagamos: 'todo el bien que pueda hacer hoy, con tu ayuda, Señor, quiero realizarlo'.

En el examen de conciencia repasamos el día para ver por dónde se nos ha ido, qué bien hemos dejado de hacer. Le agradecemos lo bueno, le pedimos perdón por lo malo, le pedimos ayuda para hacer mejor tal cosa concreta el día de mañana.

Ir todos los días a un sagrario, aunque sea un par de minutos, nos recuerda a Jesucristo resucitado y vivo, a quien visitamos y con quien nos relacionamos de tú a tú. Y él nos dirá.

Gracias, Cristo resucitado. Que no separe mi vida de la verdad de tu resurrección. Me gustaría vivir, y vivir bien, esos tres momentos diarios en los que contigo recalcularé el camino para llegar al fin de mi vida, que es vivir la vida eterna que tú nos has ganado.

AHORA TE TOCA A TI HABLAR A DIOS CON TUS PALABRAS, COMENTÁNDOLE CÓMO CONCRETAR TUS MOMENTOS PARA *recalcular* O LO QUE QUIERAS.

Día 2. Conciertos de guitarra con los pies

Corre por internet un video de Tony Meléndez (puedes verlo en youtube), una persona a la que apasionaba la música pero que nació sin brazos. Graba discos y da conciertos. Él mismo cuenta su historia:

"Yo soy Tony Meléndez y nací en Nicaragua, pero he vivido aquí en los Estados Unidos casi toda mi vida, soy cantante, guitarrista... vinimos aquí a los Estados Unidos porque nací sin brazos y la medicina de Nicaragua no estaba tan avanzada. Yo nací así sin los brazos, por una medicina que se llama talidomina. Le dijeron eso a mi mamá cuando ella estaba embarazada de mí y por esa razón no tengo los brazos.

Al principio era tan chiquito que no entendía que no tenía los brazos, y cuando fui un poquito más mayor, los niños gritaban ...¡¡¡NO TIENE BRAZOS!!! Gritaban...dolía el corazón, me dolía mucho. De joven yo tuve que aprender a usar estos pies. Yo quería hacerlo solo, escribía con los dedos de los pies, jugaba... todo con los dedos de los pies.

Mi papa sacrificó mucho, el dejó su país para traer a su niño. Él era el que me decía: '-Tony tienes que tratar de hacerlo solo'.

Yo siempre soñaba con casarme pero de joven las señoritas corrían ¡Un muchacho sin brazos! Pero al fin hallé a alguien. Se llama Lyn. Para mi es fuerza, es 'no voy a estar solo'. Tuvimos que adoptar dos niños, porque no pudimos tenerlos. Fuimos a El Salvador, donde nació mi papá y adoptamos una niña. También fuimos a Nicaragua y adoptamos un niño.

La música empezó...mmm...de chiquitito. Mi mamá cantaba y mi papá tocaba la guitarra. Yo creo que recibí eso también. No lo puedo dejar. Practicaba entre seis y siete horas al día, y con eso la música empezó a oírse como música.

Dios me ha dado fuerza, Dios me ha dado a mi familia. El me ha dado la música con la que yo me siento bien conectado con mi Dios. Eso me ayudó a crecer y me ha calmado el corazón.

La gente me ha preguntado: '-Tony ¿porque te sientes entero?'. Porque tengo mis pies, porque tengo a mi familia que es preciosa. Mi corazón quiere bailar, quiere cantar, quiere vivir en la vida, porque a los ojos de mi Dios yo *soy entero*.

Dios siempre está en mi vida, en esos momentos es como si Él me dijera a mí: '-Tony tienes que ir a trabajar, tienes que cantar, tienes que ayudar, tienes que ser mis pies y tal vez mis manos'... y empecé a viajar y a cantar, a hablarle ahora a los jóvenes del mundo.

Yo veo a una persona como usted, que tienen los brazos y las piernas, lo tienen todo y dicen "no puedo, no puedo". Me han preguntado: '-Tony ¿dónde están los milagros?' Yo siempre digo esto: '-Yo veo la mano...una mano...y cuando levantan la mano, para mí eso es un milagro'. Por favor no me digan que no pueden. No me digan que no pueden, porque ustedes pueden hacer mucho, mucho más. Solo levántense y digan: 'Yo quiero, yo puedo, yo voy a moverme para adelante'. Tienen un mundo que sólo está esperando sus manos, a que usted diga... ¡SÍ!".

Tony podría haber pasado su vida quejándose de su 'mala suerte' por haber nacido manco. Sin embargo, da gracias a Dios por tantas cosas buenas... y también por su gusto por la música y por su falta de brazos. Dar gracias a Dios, ponerse a trabajar, no quejarse. El mundo está esperando que tú digas '¡SÍ!'.

Jesús, que no olvide tu resurrección. Ahora te digo que no quiero 'darme pena' por nada. Te digo que sí quiero, que sí puedo, que me esforzaré por hablar de ti con mi alegría y mi esfuerzo por hacer el bien con todo lo que pueda.

PUEDES PEDIRLE AHORA PERDÓN POR LO QUE HAS DESAPROVECHADO EN LA VIDA, O COMENTARLE LO QUE QUIERAS.

Día 3. Sonriendo ya somos apóstoles

Un periodista le preguntaba a Benedicto XVI: "Entonces, ¿Dios se muestra siempre lleno de respeto o también manifiesta humor?" Y contestaba: "Personalmente creo que tiene un gran sentido del humor. A veces le da a uno un empellón y le dice: '¡No te des tanta importancia!'. En realidad, el humor es un componente de la alegría de la creación".

La creación es un formidable canto de alegría: luz y color, formas y dimensiones, semejanzas y desemejanzas... No ha hecho el mundo un Dios aburrido. Y los hijos de Dios, que nos queremos parecer a él, somos alegres.

Una pregunta de un catecismo que estudié de pequeño se formulaba así: '¿Por qué los cristianos estamos siempre alegres?' Y la contestación: 'Los cristianos siempre estamos alegres porque Jesús ha resucitado'.

¿Por qué, a veces, tenemos *cara de haba*? El gran apostolado cristiano empieza por mostrar y contagiar alegría. Solo con eso ya hacemos mucho, y el mundo necesita que se la mostremos. Ir con cara alegre por la calle, estar sonrientes, estar de buen humor.

El himno de la alegría, en la novena sinfonía de Beethoven, dice: "Si en tu camino solo existe la tristeza/y el llanto amargo/ de la soledad completa/ ven canta/ sueña cantando/ vive soñando el nuevo sol/en que los hombres/ volverán a ser hermanos. / Si es que no encuentras/ la alegría en esta tierra/ búscala hermano más allá/ de las estrellas".

Recuerdo un compañero al que llamábamos 'neutrón': ¡era tan negativo con todo...!

Pero lo interesante es que aprendamos, como sugiere Benedicto XVI, a descubrir el humor de Dios. Aquella contestación continuaba así: "En muchas cuestiones de nuestra vida se nota que Dios también nos quiere impulsar a ser un poco más ligeros; a percibir la alegría; a descender de nuestro pedestal y a no olvidar el gusto por lo divertido"[1].

Dios, en lo ordinario, con frecuencia se tiene que reír al vernos. Ojalá entremos a su sentido del humor cuando nos invita a reírnos de nosotros mismos. Repasa estos últimos días, a ver si eres capaz de descubrirlo en algún hecho.

Estrenaba mis primeros meses de sacerdocio. Una de las primeras correcciones que recibí venía de boca de una señora que frecuentaba, la iglesia en la que yo confesaba varias horas por las mañanas.

-Oiga, en el confesionario no se ría.

-¿Por qué? -le pregunté desconcertado.

-Porque en la Confesión yo tengo que ver en usted a Dios, ¿y cómo voy a verle si usted se ríe?

Aquella conversación se me quedó grabada. No le contesté nada; sencillamente le di las gracias. Pero me dio mucha pena, pues quizás, en ocasiones, hayamos podido transmitir la imagen de un Dios serio y antipático, de fácil enfado y siempre triste... y hayamos dado una imagen equivocada de Dios.

"Nadie es más joven que Dios", afirmaba San Agustín. Y es verdad en todas las connotaciones positivas que acompañan a la juventud. Nadie es más positivo y alegre que Dios; nadie es más entusiasta y cariñoso que Dios; nadie es más tierno y sonriente que Dios...

Jesucristo, que es Dios hecho vida humana, trasluce un buen humor enorme y simpático en el Evangelio, que bien merece ser tratado en otro libro que se titule: *Las sonrisas de Cristo.*

Muy bien lo han entendido los santos, como Teresa de Jesús cuando dice: "está el alma como un niño que aún mama, cuando está a los pechos de su madre, y ella, sin que él paladee, le echa la leche en la boca para regalarle"[2].

Si todo esto es verdad, debemos esforzarnos por aprender a jugar con Dios Padre, aprender a captar su humor... para entendernos y gozar con él.

Señor, quiero aprender a jugar contigo, a descubrir tu humor. Ayúdame a descubrirte en lo que me pasa, y a no olvidar nunca que tú gozas jugando con nosotros. Quiero estar alegre siempre, y transmitir al mundo tu alegría.

AHORA TE TOCA A TI HABLAR A DIOS CON TUS PALABRAS, Y QUIZÁ COMENTARLE QUE TE GUSTARÍA TENER UNA SONRISA DE OREJA A OREJA TODO EL DÍA, Y PORQUÉ NO ES ASÍ.

Día 4. José Kentenich: Prisionero 29.392

El joven sacerdote José Kentenich fue detenido durante la Guerra Mundial, y trasladado a Dachau, uno de los campos de concentración alemanes. Unos pocos años antes había fundado el movimiento Schönstatt.

Con ocasión del ingreso en el campo de concentración, cuyas formalidades llevaban varias horas, recuerda uno de los prisioneros: “Fui testigo de cómo ambos sacerdotes, uno de ellos el Padre Kentenich, fueron saturados de mofas y burlas por los de la SS. Un jefe, creyendo oportuno ‘ablandar’ al recién llegado -que demostraba mucha tranquilidad y firmeza-, comenzó a gritarle groseramente haciéndole toda clase de preguntas. El Padre Kentenich lo miraba con tranquilidad y sonreía cordialmente, pero no le contestaba. El militar se enfureció más todavía, haciendo ademán de pegarle. Pero no llegó a hacerlo. Días más tarde, ambos volvieron a encontrarse en la oficina en la que se registraban los datos personales. El jefe lo reconoció enseguida, y dio una orden:

-’¡Eh, que el prisionero limpie la bicicleta!’, le dijo. El Padre Kentenich respondió:
-’Sí, lo voy a hacer, pero no porque deba hacerlo, sino porque como hombre libre quiero brindarle este servicio’.

-’No, usted necesita hacer eso’, contestó finalmente el Jefe.

Mientras escribía sus datos personales, el Padre Kentenich le preguntó por qué el día anterior le había gritado tanto. El oficial de la SS estaba desconcertado por su comportamiento, por la paz con que reaccionaba el joven sacerdote. Le contestó que sus gritos e insultos no tenían más objetivo que el de inculcarle miedo. A continuación pidió al Padre Kentenich que lo acompañara a su habitación, donde le contó en secreto asuntos muy personales de su vida.

El joven Kentenich vivía lo que los cristianos recordamos que nos dijo Jesús: 'No tengáis miedo de los que matan el cuerpo, pero no pueden tocar vuestra alma' (Mt 10, 28).

Ya conocía éste suceso de la vida del Padre Kentenich cuando encontré en uno de sus libros estas palabras: decía que nosotros no debemos parar hasta alcanzar un ideal, 'o al menos hasta habernos acercado bastante a él. ¿A qué ideal? Hacer que todo en nuestra vida sea sencillo y simple. Tener una mirada transida de alegría y de calidez...'[3]. Ya se ve que antes de escribirlo, lo había practicado.

En el campo de concentración, durante una temporada en la que no llegaban alimentos, cientos de prisioneros murieron. Su extremo debilitamiento los hacía propensos a contraer epidemias o enfermedades. "Los primeros síntomas del tifus aparecieron también en mi", escribía el Padre Kentenich más tarde, "pero en última instancia, las cosas siempre salieron bien. Al final yo también me había convertido en un esqueleto". Sin embargo, de lo poco que tenía para comer, daba siempre a los demás.

En medio de estos padecimientos inhumanos, seguía con su ideal: sencillo y simple, mirada alegre y cálida. Desplegó una intensa actividad espiritual. "En este tiempo –recuerda-, tuve una gran capacidad de concentración, siempre estuve anímicamente fresco. A pesar de la debilidad física y el estar cercano a morir de hambre, yo poseía una extraordinaria lucidez espiritual. Constantemente dictaba cursos e invitaba a los presos a reunirse en el pabellón".

Quiero, Señor, vivir llevado por tu Espíritu. No quiero parar hasta alcanzar este ideal, o hasta quedarme muy cerca: que todo lo que haga lo haga de modo sencillo y simple, sin complicaciones... Sean mis circunstancias las que sean, que no pierda una mirada alegre y cálida hacia los demás. Así sea.

AHORA TE TOCA A TI HABLAR A DIOS CON TUS PALABRAS, COMENTÁNDOLE LO LEÍDO O LO QUE QUIERAS.

Día 5. 'Yo voy a apostar por ti'

'Pablo Maldonado, nacido en Madrid en 1976, luce una barba descuidada y se abriga del viento invernal con una chupa de cuero por la que asoma su alzacuellos –se lee en un reportaje periodístico-. Su juventud y vestimenta pueden hacer pensar que este chico nació ya con una sotana o que se pasó la infancia de iglesia en iglesia, pero nada más lejos de la realidad;

de hecho, “en mi casa era el más `varilla´ de mis hermanos”, apunta, “me gustaba mucho la fiesta, era mal estudiante, y eso me creaba conflictos en casa”. Tanto es así que se vio obligado a marcharse con 17 años; “un momento muy duro, que me hizo pensar, porque de repente me tenía que ocupar yo de toda mi vida”. La emancipación fue para él una experiencia muy dura. Recuerda que “aquel año lo pasé bastante mal, y después de muchas vueltas a la cabeza, entré en una iglesia y empecé a replantearme muchas cosas”. Fue entonces cuando “tuve una primera experiencia de Dios que me llevó a descubrir que era cierto, que su existencia no era un cuento chino”.

Pablo recuerda emocionado que “vivía en un caos profundo, porque yo era el tío más guay de mi pandilla, con éxito entre mis amigos, pero la vida no tenía ningún sentido para mí, y cuando te topas con la vida y te tienes que conocer a ti mismo, cuando te das cuenta de que tienes 18 años y que aspiras a ser repartidor se te cae el mundo a los pies”. Pero recuerda la experiencia como algo positivo, “porque empecé a hacerme preguntas como quién era yo, para qué estás aquí, quién es Dios; incluso te planteas para que levantarte por la mañana”.

Dice que aquel momento de duda y de dolor fue necesario porque “fue lo que me hizo ir a la iglesia y fue cuando ahí, en medio de una oscuridad total, se empezó a hacer una luz en mi vida”. Y una tarde “le dije al Señor: ‘Si Tú me haces feliz, yo te doy lo que Tú me pidas'. Lo que yo no pensaba en aquel momento es que lo que me podía pedir era el ser sacerdote. Era impensable, porque yo de jovencito era un poco el último en todo".

Pero la prueba de aquel primer año la superó Pablo poco a poco, y tras pasar dos años estudiando en Estados Unidos, regresó a Madrid: "Me marché con 17 años y volví muy cambiado", pero ¿qué había pasado en esos dos años? "Pues que comencé a tratar al Señor. Yo tenía un fe rutinaria, muy floja, y poco a poco la empecé a vivir por propia iniciativa". La cosa es que de vuelta a Madrid "comencé a frecuentar un grupo de oración en la parroquia, y a tener una dirección espiritual con un sacerdote". Entonces, con apenas 20 años, "durante unos ejercicios espirituales, recuerdo que me vi con un folleto sobre el matrimonio, y otro sobre el sacerdocio, uno en cada mano, y le dije al Señor: 'Sin quererlo ni beberlo me veo en éstas, con amigos seminaristas, trabajando en la parroquia, llevándome de pegada con el párroco, y estando en este mundo, soy el tío más feliz' y le dejé muy claro que 'yo no quiero ser cura, pero nunca voy a saber qué es mi vida si no hago lo que Tú me pides".

Comenzó entonces en secreto el curso preliminar al seminario, "confiado en que esto no fuese a más, con mi conciencia tranquila de haberlo intentado, y marchándome a mi casa después de un tiempo". Pero el Señor tenía otro plan para Pablo. No le iba a dejar 'marcharse de rositas tan pronto', "y el 14 de junio me dijeron que me admitían en el seminario, de lo que el primer sorprendido fui yo, y después, todos los demás".

Al principio le llamaba gente y le decía que "qué me había pasado, y sólo acertaba a contestar que no lo sabía, pero que era el tío más feliz del mundo, y que el que menos se lo explicaba era yo mismo". Pablo recuerda aquel primer año como "una maravilla, viendo la fuerza de Dios, y cómo Él hacía en mi vida posible lo imposible, sorprendiéndome cada vez más", y cuatro años después "el formador me dijo: Hasta ahora, el Señor ha estado luchando contra ti, porque no terminas de convencerte de que sí, que es posible. Así que decídete, pon de tu parte, y lánzate'. Hice caso del cura y me lancé".

El tiempo ha pasado, Pablo se ordenó y "un año después de ordenarme, estoy mucho más sorprendido, y más contento todavía. Esto es alucinante, el Señor me sigue sorprendiendo, cada día más, porque no dejo de ver milagros, gente que se convierte y que se acerca a Dios". Asegura que "no hay parque de atracciones ni lugar en el mundo mejor que esto de ser sacerdote", algo que describe como "apasionante en todos los sentidos, al celebrar la Eucaristía, acercando a la gente a Dios, compartiendo con compañeros...todo".

Si le preguntas sobre una posible juventud perdida, responde entre carcajadas que "si lo sé, me meto antes", y quiere mandar un mensaje a algún chaval que como él, a los diecisiete años se sienta perdido: "Párate a pensar, no te dejes llevar por la velocidad de la vida. No te creas que la felicidad es un tongo, y no te conformes con vivir al 50%. Lo que necesita tu corazón al 100% es posible. ¡Lúchalo, búscalo, pide ayuda! Acércate a un Dios del que te han contado sólo tres cositas muy pesadas y que no corresponden con la realidad, porque es un Dios que te quiere a ti, y con locura, te pongas como te pongas, a pesar de que todo el mundo te diga que eres malo, que eres el peor y que nadie va a hacer carrera contigo, Dios está de tu parte y te dice: "Yo voy a apostar por ti y voy a hacer carrera contigo, créetelo y déjate ayudar, sueña con la felicidad que es posible para ti, porque no eres un número en la Historia, porque Dios conoce tu nombre y está buscando la manera de meterse en tu vida, pero necesita de tu libertad. ¡Déjale, porque esto es una gozada!"[4]

Señor, no tengo miedo a nada. Tú apuestas por mí, y quiero vivir al 100% de felicidad. Gracias, y quiero seguir tu camino.

Puedes decirle ahora que también tú quieres tener tu historia con Él, o lo que quieras.

Día 6. El *Reina del Cielo*

Dice san Bernardo: "Si se levantan los vientos de las tentaciones, si tropiezas en los escollos de las tribulaciones, mira a la Estrella, invoca a María. Si eres agitado por las olas de la soberbia, de la calumnia, de la ambición, de la envidia, mira a la Estrella, llama a María. Si la ira, la avaricia, el placer carnal arrastra con violencia la barquilla de tu alma, mira a María. Si turbado por el recuerdo de la enormidad de tus crímenes, confuso a la vista de la fealdad de tu conciencia, aterrado por la idea del horror del juicio, comienzas a sumirte en la sima sin fondo de la tristeza, en el abismo de la desesperación, piensa en María. En los peligros, en las angustias, en las dudas, piensa en María, invoca a María. No perderás el camino si la sigues, no perderás la esperanza si le ruegas. Si te tiene de su mano, no caerás".

La Pascua es un tiempo que vivimos con María. Estos días, en lugar de la oración del Ángelus, a las 12 de la mañana, los cristianos nos dirigimos a ella con una oración distinta: se llama el *Reina del Cielo*.

No sabemos quién es su autor. El himno se remonta al siglo XII. Era repetido por los Franciscanos después de la oración de la noche, oración llamada *Completas*, en la primera mitad del siguiente siglo. Por la actividad de los Franciscanos, fue popularizado muy pronto en todas partes.

Dice así:

Reina del Cielo alégrate. Aleluya
Porque Cristo el que mereciste llevar en tu seno. Aleluya
Ha resucitado según dijo. Aleluya

Ruega al Señor por nosotros. Aleluya
Gózate y alégrate Virgen María, Aleluya
Porque el Señor verdaderamente ha resucitado, Aleluya
Oremos
Oh Dios que has alegrado al mundo por la Resurrección de tu Hijo, nuestro Señor Jesucristo, concédenos por la intercesión de María su Madre, llegar a las alegrías de la eternidad.
Por Jesucristo Nuestro Señor. Amen

PUEDES REZARLO AHORA CON ATENCIÓN, Y PENSAR QUÉ PUEDES HACER PARA ACORDARTE DE REZARLO A LAS DOCE. APARTE DE PONERTE UN RECORDATORIO, PUEDES PEDIR AHORA A TU ÁNGEL DE LA GUARDA QUE TE LO RECUERDE. Y NO TE DESANIMES SI, AL PRINCIPIO, SON MÁS LOS DÍAS QUE SE TE OLVIDA QUE LOS TE ACUERDAS: QUIEN LO PERSIGUE... LO CONSIGUE.

Día 7. 'Hijo, ten piedad de mí que te he llevado 9 meses en mi seno'

Uno de los relatos que encontramos en la Biblia, nos habla la historia de los hermanos Macabeos y su madre. Se trata de uno de esos hechos contados en la Biblia, que nos enseñan en qué consiste vivir de verdad. Esta es la historia.

Siete hermanos con su madre fueron apresados y forzados a comer carnes de cerdo prohibidas; y, por negarse a comerlas, fueron azotados con látigos y nervios de toro. Uno de ellos dijo al rey en nombre de todos: "¿Qué buscas o qué quieres de nosotros? Estamos dispuestos a morir antes que traspasar las leyes patrias". El rey, enfurecido, mandó poner al fuego sartenes y calderos, y cuando estaban hirviendo, mandó cortar la lengua del que había hablado en nombre de todos, desollarle la cabeza y cortarle pies y manos en presencia de sus hermanos y de su madre. Enteramente mutilado, mandó echarlo al fuego y freírlo vivo. El vapor de la sartén se extendía hasta lejos, y la madre y los hermanos se exhortaban a morir generosamente, diciendo: "Dios lo ve todo y tendrá piedad de nosotros, como dice Moisés en el cántico: Tendrá piedad de sus siervos".

La madre, mujer admirable y digna de gloriosa memoria, a pesar de ver morir a sus 7 hijos en un día, lo soportó con valor, gracias a su esperanza en el Señor. Exhortaba a cada uno de sus hijos en su lengua, para que no le entendiesen los soldados del rey; con fuerza varonil y ternura femenina, les decía: "Yo no sé cómo habéis aparecido en mi seno; yo no os di el aliento ni la vida, ni ordené yo los miembros de vuestro organismo. Fue el Creador del universo, el que modela la raza humana y determina el origen de todo lo que existe. Él, os devolverá misericordiosamente la vida, ya que ahora por sus santas leyes la despreciáis".

Antíoco pensó que la mujer le insultaba y que se burlaba de él con esas palabras. Y como todavía quedaba con vida el más joven, intentó seducirle, no sólo con palabras, sino jurándole que le haría rico y feliz, que le haría su amigo y le daría un alto cargo, si renunciaba a las leyes judías. El niño no le hacía caso, por lo que el rey llamó a la madre y le mandó que aconsejase al niño para su bien. Como el rey insistía, ella accedió a convencer a su hijo. Se inclinó hacia él y, burlándose del cruel tirano, dijo al niño en su idioma, para que no le entendiese el rey: "Hijo mío ten piedad de mí, que te he llevado en mi seno nueve meses, te he amamantado tres años, te he alimentado y te he educado hasta ahora. Te pido, hijo mío, que mires al cielo y a la tierra y todo lo que hay en ella; que sepas que Dios hizo todo esto de la nada y que el género humano tiene el mismo origen. No temas a este verdugo; no desmerezcas a tus hermanos y acepta la muerte, y así, por la misericordia de Dios, te encontrarás con ellos y te recobraré junto con ellos".

Cuando ella terminó de hablar, el joven exclamó: "¿Qué esperáis? No obedezco las órdenes del rey, sino a la Ley dada a nuestros padres por Moisés. Tú, autor de todos estos males contra los hebreos, no podrás huir de la mano de Dios, porque, si nosotros padecemos por nuestros pecados, si el Dios vivo se ha indignado contra nosotros por breve tiempo para castigarnos y corregirnos, El perdonará de nuevo a sus siervos. Pero tú, malvado, el más criminal de los hombres, no te engrías neciamente, no te hagas vanas esperanzas, levantando tu manos contra sus siervos. No has escapado todavía al justo juicio de Dios Omnipotente que todo lo ve. Mis hermanos están ya en posesión de una promesa de vida eterna después de haber sufrido un breve tormento. Pero tú pagarás en el juicio de Dios las penas debidas a tu soberbia. Yo, como mis hermanos, entrego mi cuerpo y mi vida por las leyes patrias, pidiendo a Dios que muestre pronto su misericordia con su pueblo; que tú, después de haber sido castigado y atormentado, confieses que sólo Él es el Dios; y que la ira del Omnipotente, que ha caído justamente sobre nuestro pueblo, se aplaque en mí y en mis hermanos". El rey, lleno de ira y herido por las sarcásticas recriminaciones, atormentó a éste más que a los otros. Así murió también éste, limpio de toda mancha y confiando en el Señor. Después de todos los hijos, murió por fin la madre.[5]

A lo largo de la historia podemos encontrar cantidad de ejemplos como éste. La historia está llena de personas que han estado dispuestas a dar la vida antes que renunciar a la verdad. No hace mucho, leyendo el relato del martirio de algunos de los mártires españoles de la guerra civil canonizados recientemente, encontraba una situación similar, en la que una madre animaba a sus cuatro hijos a dar la vida antes que renegar de su fe.

Seguir viviendo no es lo más importante; lo más importante de la vida es amar: amar a Dios, amar a los demás, amar la verdad, amarnos a nosotros mismos. Y si para amar hay que jugarse la vida, sabemos que vale la pena jugársela, porque para quien ama, la vida no termina sino que sigue para toda la eternidad, una vida con Dios-Amor. "Quién pierda su vida por mi y por el evangelio la salvará (Marcos 9, 35).

También hoy encontramos situaciones parecidas. Seguramente nosotros no nos veamos en una situación similar, pero sí nos encontramos a diario muchas ocasiones en las que habrá que estar dispuesto a dar la cara, a defender la verdad, a no renegar de lo que creemos...Lo nuestro es el "martirio diario".

Ten piedad de nosotros, Señor, y ayúdanos a no poner nada por delante de nuestro amor, como esta madre y sus siete hijos. Gracias.

AHORA TE TOCA A TI HABLAR A DIOS DE LA ENTEREZA DE ESA FAMILIA, CUÁL ES TU ENTEREZA Y PORQUÉ, O LO QUE QUIERAS.

Día 8. ¡Aleluya!

Hace poco quedé con un buen amigo para comer a las dos y media. Él, siempre puntual, allí estaba a la hora acordada. Sin embargo yo, liado en otras cosas, llegué una hora tarde. Le conozco, y sabía que allí estaría. Eran ya las tres y media; al verme, exclamó: 'Aleluya, por fin llegas'. A parte de pedirle perdón, me gustó la expresión. ¿Qué significa 'aleluya'?

Estos días de Pascua, los cristianos repetimos en la liturgia muchas veces el 'Aleluya': al rezar el *Reina del Cielo* y en la misa es continuo.

Aleluya es una expresión que viene de la unión de dos palabras hebreas: *Hallelu*, que es el imperativo del verbo 'alabar', y *Yahwéh* que es el nombre de Dios. *Hallelu-Ya*, esto es, alabad a Dios, alabad al Señor.

Se trata de una aclamación de alegría, un grito lleno de entusiasmo que los cristianos decían con frecuencia en los primeros siglos, hasta llegar a ser habitual en Palestina: ante la llegada de un acontecimiento esperado, cuando araban la tierra, cuando embarcados se acercaban a tierra...

Durante este tiempo de Pascua durante el que celebramos que Jesús ha resucitado, es lógico que aclamemos con insistencia: '*Alabad al Señor*, porque ha ocurrido lo más grande que podía ocurrir en la historia: Jesús ha resucitado, está vivo, ha vencido a la muerte y nosotros resucitaremos con él y viviremos unidos a él por siempre. La muerte ha sido vencida'.

Es frecuente que hagamos teorías: la gente se divide en dos grupos, los que ven el vaso medio lleno y los que lo ven medio vacío, los que sólo ven problemas y nunca emprenden nada y los que arriesgan... Los cristianos hacemos una división que es la división más interesante. La división ya no se da entre vivos y muertos, porque la muerte no es más que un paso a otra forma de vivir. La división se da entre los que *viven unidos a Jesús resucitado* y los que *viven en su soledad*; esto es, entre los que gritamos Alabad al Señor porque está vivo, y vivimos con Él y para Él, y los que ignoran eso y viven para sí mismos, encerrados en su soledad. ¡Los hombres nos dividimos entre los que vivimos *para él* y los que viven *para sí mismos*!

Aleluya, sí, alabad al Señor: no tenemos miedo a nada. Como decía San Pablo, nada ni nadie puede apartarnos del amor de Dios (...) La muerte tiene un nuevo nombre: vivir para uno mismo. Para saber si estamos vivos o muertos ya no tenemos que ponernos la mano en el corazón para ver si palpita, si respiramos. Ahora, estar vivo es vivir para Él, y estar muerto es vivir para mí.

Ojalá estos días repitamos este grito, y cada vez nos llenemos de la alegría que Él ha dado al mundo: 'Estad alegres, os lo repito, estad alegres', 'Alegraos en el Señor', escribe Pablo a los primeros cristianos de Filipo (4,4).

¡Aleluya! Ha resucitado nuestro Redentor, tal y como lo había anunciado. Cantemos un himno al Señor, nuestro Dios. Alabad su nombre con danzas, cantadle con tambores y cítaras, porque el Señor ama a su pueblo y adorna con la victoria a los humildes.[6] *¡Aleluya!*

AHORA TE TOCA A TI HABLAR A DIOS CON TUS PALABRAS, COMENTÁNDOLE LO LEÍDO O LO QUE QUIERAS.

Día 9. El carismático que 'solo tenía un pecado'

Pedro R. ha dado muchas conferencias contando el momento en el que se convirtió... aunque ya era cristiano. Habían pasado diez días desde la muerte de un amigo suyo que participaba del movimiento Carismático. El movimiento Carismático es un gran regalo que Dios ha hecho a la Iglesia en los últimos tiempos. Nos recuerdan a todos el gran protagonismo del Espíritu Santo en la vida de los cristianos y de la Iglesia.

A los diez días de la muerte de éste, Pedro se sintió invadido por el Espíritu. Se acercó a la iglesia de un sacerdote amigo suyo y le dijo que le confesase. Sentado el confesor, Pedro le advirtió que sería corta: 'Va a ser corto, sólo tengo un pecado, sólo he cometido un pecado en mi vida o, mejor dicho, toda mi vida ha sido un pecado'. En sus conferencias comentaba ese pecado: haber querido ser Dios, haber vivido toda la vida desde sí mismo, desde su yo, sin haberse percatado jamás de la gracia de Dios que actuaba en él. Había descubierto que era un fariseo, y por eso Dios no le había dicho nada; rezaba con su cuerpo, pero en su alma estaba solo; ahí estaba la raíz de todos sus males.

Al cabo de unos días, pidió al mismo sacerdote que le diese la primera comunión. Había comulgado muchas veces antes, por lo que el sacerdote amigo se extrañó. 'Sí, todas las comuniones que he hecho hasta ahora las he hecho yo, desde mi voluntad y mi preparación, necesito recibir a Dios como un don'[7].

Los días de Pascua necesitamos pedir al Espíritu Santo que nos invada, y nos haga descubrir tantas cosas. Sería algo grande que descubriésemos una vez más que todo es un don de Dios. Comulgar es un regalo de Dios, asistir a misa en un don de Dios, poder trabajar, el día que comenzamos, el sol y la lluvia, el cariño de otras personas, la familia, las manos que tenemos, la capacidad de reír y de hablar... Redescubrir el don continuo de Dios.

Que ahora estés haciendo este rato de oración, es un regalo de Dios: él está ahí, escuchándote, acompañándote, moviéndote... Que no veamos todo desde nosotros, sino desde él. Si le visito en un sagrario, yo voy... pero él antes me ha esperado. En todo lo que constituye mi vida, él está 'dándome'.

Ven, Espíritu Santo, y ayúdame a ser agradecido. Que haga las cosas desde ti, y no desde mí. Gracias, gracias, muchísimas gracias por todo, también por lo que no reconozco todavía como don tuyo.

QUÉ BUEN MOMENTO PARA QUE SIGAS Y RECTIFIQUES TU MODO DE ACTUAR, O PARA DECIRLE QUE TE GUSTARÍA... PERO QUE NECESITAS QUE ÉL TE LO HAGA ENTENDER...

Día 10. El trampolín de Chiara Lubich

"Si en una ciudad se prendiese fuego en distintos lugares, aunque fuese un fuego modesto y pequeño, pero que resistiese todos los embates, en poco tiempo, la ciudad quedaría incendiada.

Si en una ciudad, en los puntos más dispares, se encendiese el fuego que Jesús ha traído a la tierra y este fuego resistiese al hielo del mundo, por la buena voluntad de los habitantes, en poco tiempo tendríamos la ciudad incendiada de amor de Dios.

El fuego que ha Jesús traído a la tierra es Él mismo, es la Caridad: ese amor que no sólo une el alma a Dios, sino a las almas entre sí".[8]

Así lo escribía Chiara Lubich, italiana que en 1943 inició el Movimiento de los Focolares. La pasión por decir a todos los cristianos que la existencia es una vocación única para subir hasta el Padre construyendo una *ciudad nueva*, un mundo en paz, unidos todos los hombres, es un auténtico *fuego*.

Pero da un consejo muy práctico para conseguirlo. Habla de un *trampolín*. Recuerda alguno que hayas usado. Es verdad que al caer sobre un trampolín te ves impulsado sin esfuerzo, la primera vez incluso uno se asusta de salir lanzado sin controlarlo. Pues ella escribe:

"Pero hay un secreto para que esa célula encendida se desarrolle hasta formar un tejido y vivifique las partes del Cuerpo Místico: que los que la componen se alcen en la aventura cristiana, que significa *hacer de cada obstáculo un trampolín*. No "soportar" la Cruz, cualquiera que sea el cariz que presente, sino esperarla y abrazarla minuto a minuto como hacían los santos, y decir cuando llega: "¡Esto es lo que quería, Señor! Sé que estoy en la Iglesia militante donde es preciso luchar. Sé que me espera la Iglesia triunfante donde te veré por toda la eternidad. Aquí en la tierra prefiero el dolor a cualquier otra cosa, porque con tu vida me has dicho que allí está el verdadero valor."[9]

Señor mío y Dios mío, al ascender a los cielos nos dijiste que por toda la tierra llevásemos lo que tú nos habías dado. Que los cristianos construyamos una ciudad nueva; que encienda el fuego a mi alrededor. Te pido que ponga en práctica este secreto: hacer de cada obstáculo un trampolín; que no 'soporte' lo que me cuesta: ¡que haga de los obstáculos, de lo costoso, de lo pesado e ingrato, un trampolín!

AHORA TE TOCA A TI HABLAR A DIOS CON TUS PALABRAS, COMENTÁNDOLE LO LEÍDO O LO QUE QUIERAS.

Día 11. Policarpo, 'yo pero ya no yo'

Conservamos las actas del martirio del entonces anciano san Policarpo. Dicen así: "Venido en presencia del procónsul, le preguntó éste si era él Policarpo. Respondiendo el mártir afirmativamente, trataba el procónsul de persuadirle a renegar de la fe, diciéndole:

-'Ten consideración de tu avanzada edad', y otras cosas por el estilo según es costumbre suya decir, como: 'Jura por el genio del Cesar. Cambia de modo de pensar, grita: ¡Mueran los ateos!' [como sabes, a los primeros cristianos les acusaban de ateos porque no reconocían la divinidad del emperador].

A estas palabras, Policarpo, mirando con grave rostro a toda la chusma de paganos sin ley que llenaban el estadio, tendiendo hacia ellos la mano, dando un suspiro y alzando sus ojos al cielo, dijo:

-Sí, ¡mueran los ateos!

-Jura y te pongo en libertad. Maldice a Cristo.

-Entonces Policarpo dijo:

-Ochenta y seis años hace que le sirvo y ningún daño he recibido de él. ¿Cómo puedo maldecir de mi Rey, que me ha salvado?

Como nuevamente insistiera el procónsul, diciéndole:

-Jura por el genio del César.

Respondió Policarpo:

-Si tienes por punto de honor hacerme jurar por el genio, como tú dices, del César, y finges ignorar quién soy yo, óyelo con toda claridad: Yo soy cristiano. Y si tienes interés en saber en qué consiste el cristianismo, dame un día de tregua y escúchame.

Respondió el procónsul:

-Convence al pueblo

Y Policarpo dijo:

-A ti te considero digno de escuchar la explicación, pues nosotros profesamos una doctrina que nos manda tributar el honor debido a los magistrados y autoridades que están por Dios establecidas, mientras ello no vaya en detrimento de nuestra conciencia; mas a ese populacho no le considero digno de oír mi defensa.

Dijo el procónsul:

-Tengo fieras a las que te voy a arrojar si no cambias de parecer.

Respondió Policarpo:

-Puedes traerlas, pues un cambio de sentir de lo bueno a lo malo nosotros no podemos admitirlo. Lo razonable es cambiar de lo malo a lo justo.

Volvió a insistirle:

-Te haré consumir por el fuego, ya que menosprecias las fieras, como no mudes de opinión.

Y Policarpo dijo:

-Me amenazas con un fuego que arde por un momento y al poco rato se apaga. Bien se ve que desconoces el fuego del juicio venidero y del eterno suplicio que está reservado a los impíos. Mas, en fin ¿a qué tardas? Trae lo que quieras."

Los bautizados sufrimos una *transformación*. Cada bautizado deja de ser sólo él mismo. Pasamos a ser 'yo pero ya no yo'. Somos yo con Cristo, pero de un modo real, no sólo afectivamente. 'Yo pero ya no yo', porque Jesucristo ha resucitado y vive, y vive en mí. Así se entiende que los primeros cristianos, en los juicios, dijesen que su nombre es 'cristiano'; como quien dice: yo soy Policarpo, pero no sólo Policarpo. Me define mejor el nombre de 'Cristiano' que el de 'Policarpo'. ¡Con qué orgullo –buen orgullo- decimos que somos cristianos!

Esto también explica que fuesen capaces de lo que hacían: porque Cristo actuaba en ellos con ellos mismos. Dejaban que la fuerza de Cristo obrase en ellos, y así hacían lo que hacian. También los cristianos de ahora estamos llamados a que la fuerza de Cristo actúe en nosotros. Por eso pensamos que nada que nos pida Dios es imposible para nosotros: si fuese yo solo, sería imposible; pero siendo 'yo pero ya no yo' me resulta posible todo lo que es posible para Cristo.

¡Qué importante, por eso, vivir cerca de Cristo, manteniendo relación con él! ¡Qué importante vivir en gracia de Dios, con el deseo de recibir cada día más gracia suya!

Nos ha llegado la oración que Policarpo dijo en su último momento. Con las manos atrás y atado como un carnero, levantando los ojos al cielo, dirigió a Dios estas palabras que podemos rezar ahora:

"Señor Dios Omnipotente: Padre de tu amado y bendecido siervo Jesucristo, por quien hemos recibido el conocimiento de ti. Dios de los ángeles y las potestades, de toda la creación y de todos los justos que viven en tu presencia: Yo te bendigo porque me tuviste por digno de esta hora, a fin de tomar parte en el cáliz de Cristo, contado entre tus mártires. Para resurrección de eterna vida, en alma y cuerpo, en la incorporación del Espíritu Santo: que yo sea recibido con ellos hoy en tu presencia, en sacrificio grande y aceptable, tal como de antemano me lo preparaste, y me lo revelaste y ahora lo has cumplido, Tú, el infalible y verdadero Dios. Por lo tanto, yo te alabo por todas las cosas, te bendigo y te glorifico por mediación del eterno y celeste Sumo Sacerdote, Jesucristo, tu siervo amado, por el cual sea dada la gloria

a Ti con el Espíritu Santo, ahora y en los siglos por venir. Amén".[10]

PUEDES AHORA SEGUIR HABLÁNDOLE, Y PEDIRLE QUE TODOS SEAMOS HOY COMO LOS PRIMEROS CRISTIANOS...

Día 12. Discapacitados: un mensaje importante

El año 2000 fue muy especial. El Papa era entonces Juan Pablo II. El año estuvo salpicado de celebraciones y encuentros por el cambio de milenio. Los primeros días de diciembre tuvo lugar un momento muy especial: 7.500 discapacitados, en la Basílica de San Pablo Extramuros -la más grande de Roma-, acompañados por sus familias, tuvieron una Eucaristía con el Papa. La orquesta Essagramma, compuesta por cincuenta músicos con discapacidades, se hizo cargo de los cantos. Algunos eran jóvenes autistas, otros con graves retrasos mentales, otros con importantes limitaciones físicas... Lecturas, oraciones de los fieles, procesión del ofertorio... todo fue realizado por personas con alguna discapacidad. También varios sacerdotes que concelebraron con el Papa padecían alguna.

El Papa estaba muy mayor y apenas andaba por su propio pie: en poco tiempo ya no pudo dejar la silla de ruedas. Una joven le saludó en nombre de todos: 'Tu caminar cansado te hace también maestro de sufrimiento, pero de tu sufrimiento surge una sabiduría que, como la proa de un barco, surca las olas para trazar una estela que conduce al sentido de la vida y del sufrimiento'.

Fue una jornada muy especial. 'Hoy –dijo el Papa al terminar- ha sido una de las celebraciones jubilares más significativas y queridas para mí'.

¿Por qué dice que es significativa? Lo explicaba así: 'Toda persona marcada por una dificultad física o psíquica vive una especie de 'adviento' existencial, la espera de una 'liberación', que sólo se manifestará plenamente para ella como para todos con el final de los tiempos. Sin la fe, esta espera puede asumir los tonos de la desilusión, del desaliento; apoyada por la palabra de Cristo, se transforma en esperanza viva y operante'. ¿Qué quería decir? Que los años que pasamos en esta tierra no son la vida entera. Los cristianos sabemos que la vida continúa. En esa nueva vida seremos liberados. Los discapacitados gritan al mundo la esperanza de esa liberación: saben que el sufrimiento no es definitivo, esperan que Dios transformará sus vidas.

Personas con minusvalías, con síndrome de Down, autistas, enfermos físicos o psíquicos... gritan a la humanidad un mensaje: ojalá sepamos escucharlo.

Es inevitable que su presencia nos haga preguntarnos por qué existe tanto sufrimiento. Y dice el Papa que siguió a Juan Pablo II: "... deberíamos consignar que el discapacitado tampoco es una criatura que no tendría que existir. Porque precisamente en su discapacidad reside su propio valor. Y el Cristo que se deja poner la corona de espinas y que dice de sí mismo: 'Soy un gusano y no una persona', también se ha situado dentro del tropel de discapacitados que traen un mensaje a la humanidad. Ellos, con su calidad de dolientes, de solicitantes de nuestro amor y de redispensadores de amor, pueden desempeñar también una misión específica: basta con que abramos lo ojos"[11].

Una de las jóvenes se dirigió al Papa en aquella celebración y le dijo: 'Nuestras almas han crecido porque no están contaminadas por la fuerza de la posesión, del éxito, o la conquista de los primeros lugares'. Así es: cuerpos demasiado impedidos que contienen almas tremendamente grandes.
Los cristianos tenemos debilidad por estos 'cristos' del siglo XXI coronados con las espinas de la discapacidad. Nos hablan de esperanza, nos recuerdan que lo grande es el alma, que en la otra vida seremos liberados de los sufrimientos actuales.

Señor, que aprenda de quienes sufren. Que crezca en esperanza. Que valore más el alma que el cuerpo, que vea cada uno de ellos solicita, pide, necesita de mi amor... y que se lo dé. Solo con que nos ayuden a ser más generosos, su sufrimiento ya hace bueno al mundo. Te pido por ellos, y te pido que los cristianos nos volquemos en atenderles. ¿Les dedico tiempo?

SI QUIERES, REPASA AHORA CON ÉL LOS DISCAPACITADOS QUE CONOCES, Y COMÉNTALE LO LEÍDO.

Día 13. El minusválido *rentable*

Ambrosio, un italiano minusválido, escribía este mensaje al Papa y a todos los sacerdotes del mundo:

"Soy un minusválido de 74 años de edad. A la edad de 12 meses fui afectado de una parálisis espástica. A los ocho años perdí a mi madre y desde entonces vivo en un instituto.

Veo que la sociedad, aunque progrese en todos los sectores, cada vez margina más al que no "rinde", o sea: al enfermo, al anciano, al minusválido, y ésta es una constatación que hace sufrir a quien se encuentra en estas condiciones.

También hace sufrir el ver cómo tantos sacerdotes, que se preocupan y se esfuerzan por tantas cosas, descuidan a estas personas a quienes sólo la fe, con su ayuda, podría sostener y hacerles mucho bien.

Sería bueno que el párroco escribiese, al menos en Navidad y en Pascua, una carta a todos los que sufren en su parroquia, pidiéndoles como caridad ofrecer las penas y las oraciones por las necesidades de la comunidad, para hacerlos partícipes de la vida comunitaria; así evitarían que se sientan inútiles y piensen que son una carga.

Es tiempo de reavivar en las comunidades parroquiales la fe en la Providencia, a través del don más precioso que la comunidad posee, o sea, a través de la ofrenda diaria del sufrimiento de estos "predilectos de Dios". La ayuda que tendría la parroquia a partir de esta ofrenda de sí, sería enorme."

¡Es grande este Ambrosio! Se queja de que no nos apoyemos más en ellos. Sabe que él tiene una fuerza, que su sufrimiento vale mucho y quiere que 'rinda'.

Los cristianos sabemos que es bueno evitar el sufrimiento que se pueda evitar, con medicamentos y siguiendo las recomendaciones de los médicos. Pero el que no se puede evitar, si lo unimos al de Cristo y –como Él– lo transformamos en amor, tiene un gran valor.

¿Qué quiere decir 'unirlo al de Cristo'? Lo dice muy claramente san Pablo. Él sufre muchos dolores físicos. Después de decir que todos los cristianos formamos el Cuerpo de Cristo, es decir, no somos individuos aislados, sino que somos parte del Cristo total que es la Iglesia, añade esto: 'Ahora me alegro en los padecimientos por vosotros y completo en mi carne lo que falta a la Pasión de Cristo por su cuerpo, que es la Iglesia' (Colosenses 1, 24). Quiere decir, nada más ni nada menos, que sus padecimientos no son padecimientos suyos, sufrimientos sólo personales, sino que dice que padece como miembro del cuerpo místico de Cristo, y que cumple la medida de las penas de Cristo destinada a él y todavía no llenada, es la parte de sufrimiento de Cristo que le toca a él, lo cual es provechoso a todos.

Con la resurrección... ¡se acabó el individualismo!

¿Cuento con el sufrimiento de otros? ¿Pido a los enfermos, ancianos, deficientes... que recen por necesidades concretas, mías o de otros? ¿Aprovecho cuando yo tengo que sufrir algo para ayudar así a los demás? ¿Ofrezco el dolor? Cada vez que pasemos por algún lugar donde sabemos que hay sufrimiento –un hospital, una cárcel, un centro de discapacitados...- que adquiramos la costumbre de ofrecer a Dios todo lo que allí sufren y que quizá –en su situación- no son capaces ni siquiera de ofrecer ellos mismos.

Señor, gracias porque no vivo solo. Gracias por enseñarnos el sentido del dolor. Ayúdame a comportarme como cristiano ante el sufrimiento de otros y con el mío. Así hacemos bueno el mundo, de manera invisible pero real. Que viva la parte de padecimientos que me tocan a mí con el gozo de completar lo que falta a la Pasión de Cristo.

COMENTA CON ÉL SI PUEDES PEDIR ORACIONES A ALGÚN ENFERMO, Y DILE QUE DESEAS APRENDER EL VALOR DEL SUFRIMIENTO...

Día 14. En la hora de nuestra muerte

La asignatura que impartió en más ocasiones el Papa Benedicto XVI, en sus años de profesor en la universidad alemana, fue la Escatología. La escatología es una asignatura que trata de la muerte y lo que viene después de ella. Publicó un libro de esta materia. En ese libro escribe: "Las letanías de los santos explican la postura de la fe cristiana frente a la muerte en esta petición: Líbranos,

Señor, de una muerte temprana e inesperada. El que a uno se le arrebate súbitamente, sin poder prepararse, sin estar dispuesto, aparece como el peligro del hombre, del cual quiere ser salvado. Quisiera hacer con plena conciencia el último trecho del camino. Quiere morir él mismo".

Así hemos rezado siempre los cristianos. Pero continúa: "Si hoy se intentara formular una letanía de los no creyentes, la petición sería la contraria: Señor, danos una muerte repentina e insospechada. Que la muerte venga repentinamente, sin tiempo para pensar ni padecer. Lo primero que esto demuestra es que no se ha conseguido plenamente la anulación del miedo metafísico.[12]

Es lógico que los que no tienen la suerte de la fe en este Dios bueno queden dominados a veces por el miedo al momento de la muerte. Pero los cristianos vivimos de cara a la otra vida. Jesús ha resucitado y vive para siempre, en lo que podemos llamar la *ciudad de Dios*, en esa fiesta del Cielo, donde la felicidad no tiene sombra. Nosotros hemos sido creados para habitar allí definitivamente. Los cristianos de todos los tiempos han considerado que poder prepararse para la muerte... es una suerte.

Durante este tiempo de Pascua es bueno que agradezcamos al Señor este tiempo de vida, y que le pidamos la gracia de ir al Cielo. En el Avemaría se lo pedimos a María tantas veces: 'Ruega por nosotros, pecadores, ahora y en la hora de la muerte'.

Sí: en la hora de la muerte queremos tu compañía, Madre nuestra. Que nos podamos preparar, que nos ayudes a abrirnos lo más perfectamente posible a dejarnos abrazar totalmente por este Padre nuestro que es todo amor, y no quiere otra cosa más que introducirnos plenamente en su vida, en la vida que nos has ganado con la resurrección.

Líbranos, Señor, de una muerte temprana e inesperada. Santa María, Madre de Dios, ruega por nosotros, pecadores, ahora y en la hora de nuestra muerte. Amén.

AHORA TE TOCA A TI HABLAR A DIOS CON TUS PALABRAS, COMENTÁNDOLE LO LEÍDO O LO QUE QUIERAS.

Día 15. Kiko Argüello: ¡Ayúdame!, ¡no sé quién eres!

En 1964, un joven madrileño, Kiko Argüello, comenzaba en uno de los barrios más pobres de Madrid el Camino Neocatecumenal. Así cuenta él su historia:

"Soy hijo de una familia normal, burguesa, de Madrid. Mi padre era abogado, Una familia acomodada. Soy primogénito de cuatro hermanos. Mis padres eran católicos. Después de haber terminado el colegio, al ir a la universidad, entré en crisis con mi familia y conmigo mismo, sobre todo por el ambiente en la facultad de Bellas Artes de Madrid, que era completamente ateo, marxista. En seguida me di cuenta de que la formación que yo había recibido, tanto en la familia como en el colegio, no me servía de nada para responder a los problemas que tenía de todo tipo (afectivo, psicológico, de identidad). Me preguntaba: ¿quién soy yo?, ¿por qué existe la injusticia en el mundo?, ¿por qué las guerras?, etc."

Me fui alejando de la Iglesia hasta dejarla totalmente. Había entrado en una profunda crisis buscando el sentido de mi vida. En Bellas Artes hice teatro. Conocí el teatro de Sartre y milité en esta línea un poco atea. Me dediqué a pintar, a hacer exposiciones..."

"Bien, Dios permitió que yo hiciese una experiencia de ateísmo, o, si queréis, una *kenosis*, un profundo descenso al infierno de mi existencia, una existencia sin Dios. Dios ha permitido que yo cortase todos los lazos con la trascendencia. Me escandalizaba profundamente de la indiferencia de mucha gente. Todas las personas de mi alrededor eran personas que iban a misa, pero en definitiva su vida no era profundamente cristiana... Desde mi familia, en la que mi madre iba a misa todos los días, y mi padre era católico. Pero el dios de mi casa era el dinero. La mayoría de las conversaciones en mi casa eran sobre el dinero.

"No estaba Dios en el centro de mi familia ni en el centro de la mentalidad que se tenía en mi casa, y eso era normal. Lo mismo puedo decir de mis tíos, y de todo el ambiente en el que me movía. La religión era un aspecto más, una especie de barniz cultural, que al menos a mí no me convencía. Tal vez porque era pintor, artista, y tenía una profunda sensibilidad y un absoluto deseo de coherencia, de verdad. No aceptaba ser un burgués como mis padres, ni vivir una vida así, como supongo que les habrá sucedido también a tantos jóvenes. Recuerdo que entonces iba a misa el domingo y, con quince años, algunos amigos, estando la iglesia llena, nos quedábamos al fondo -era antes del Concilio- y aguantábamos allí de pie..., íbamos a aquella misa porque no se predicaba, era más breve..., se oía una campanilla y nos poníamos de rodillas, nos levantábamos y esperábamos a que terminase para poder largarnos."

"Yo me daba cuenta de que aquella no era una manera de practicar. Aunque parezca extraño, la misa así de mal vivida fue la situación por la que me iba dando cuenta de que tenía que dejarlo, tenía que buscar otros caminos. Una cosa tenía clara: no podía engañarme a mí mismo. No podía ser un cretino, un estúpido: o creía seriamente en Dios o, si no creía, era mejor dejarlo... y así es como lo dejé todo."

"Entonces intenté ser coherente con un tipo de existencialismo: con el absurdo total de la existencia humana. Y comencé a sufrir mucho porque ante mí todo el mundo se convertía en ceniza: se convertía en ceniza mi existencia, se convertía en ceniza todo. No tenía interés por nada, ni siquiera por pintar. Y tuve la fortuna, o si queréis la desgracia, de ganar un Premio Nacional de pintura muy importante en España. Entonces salí en televisión, en los periódicos, me había abierto camino profesionalmente, y esto ya fue la "última gota", porque veía que aquello no daba ningún sentido a mi vida."

"Había muerto interiormente y sabía que mi fin seguramente sería el suicidio, antes o después. Y, de hecho, estaba literalmente sorprendido de que la gente fuese capaz de vivir cuando yo no era capaz de vivir. La gente se ilusionaba por el fútbol, por el cine... A mí no me decían nada. El fútbol no me gustaba, y el cine me parecía estúpido. Vivir cada día significaba todo un sufrimiento. Cada día lo mismo: ¡para qué levantarme?, ¿quién soy yo?, ¿para qué ganar dinero?, ¿para qué casarme? Y así todo ante mí carecía de sentido... Recuerdo que sentía como si el cielo estuviese hecho de cemento, y yo me encontrase bajo una gran cloaca. Tenía esa imagen... El cielo, totalmente cerrado ante mí..."

"Preguntaba a la gente a mi alrededor: "Perdona un momento, ¿tú sabes por qué vives?", y no sabían ni por qué ni para qué vivían, pero vivían... Tal vez tenía que ser así, simplemente, vivir: uno se levanta, va a clase, come, después se va al cine o llama a un amigo... ¡Benditos los que son capaces de vivir así! Yo no lo era. Me refugiaba, escapaba de mí mismo. Se abría un gran abismo dentro de mí. ¡Abismo que en el fondo era una llamada profunda de Dios, que me estaba llamando desde el fondo de mí mismo!

"Entonces me ayudó mucho -por eso leer es siempre bueno un filósofo que se llama Bergson. Bergson es el filósofo de la intuición. Dice que la intuición es un método de conocimiento superior a la razón. Dios permitió que ésta fuese para mí la primera chispa que me iluminase un poco, porque me había dado cuenta de que en el fondo yo era un racionalista, que me estaba destruyendo a mí mismo, porque en el fondo de mí algo no podía aceptar el absurdo de todo lo creado. Porque soy un pintor, y entendía la belleza de la naturaleza: el agua, los árboles, los pájaros, las montañas.

"Me di cuenta de que para negar que todo tenía un sentido, para negar que Dios existe, se necesitaba tanta fe como para creer que existía. Y yo había dado el paso de aceptar que Dios no existía. Pero era una acción racionalista que chocaba con algo dentro de mí. Y entonces me dije: "Mira que la razón no lo es todo, que en el hombre también está la intuición". Entonces con la intuición llegaba a reconocer que todo tenía un sentido, que existía Dios, que Él sabía por qué existo yo. Pero no sabía cómo encontrarlo."

"Luego leía el Evangelio que dice: no oponer resistencia al malvado..., si alguno te abofetea en la mejilla derecha..., si alguno te roba... Recuerdo que una vez mi padre se enfadó y le dije: "Mira lo que dice aquí. Tú eres católico ¿no?" Y él me dijo que eso eran cosas de los santos, de San Francisco, y no sé de quién... Entonces le contesté: "Este libro, la Biblia, lo puedes tirar por la ventana porque he entendido que no tiene ninguna relación con la realidad. Me niegas que esto se pueda vivir, que las cosas son como son..., que la vida es otra cosa: estudiar, ganar dinero, vencer... Entonces, ¿la Biblia, la fe, para qué os sirve...?"

"Entré entonces en mi cuarto, y me puse a gritar a este Dios que no lo conocía. Le gritaba: ¡Ayúdame! ¡No sé quién eres! Y en aquel momento el Señor tuvo piedad de mí, pues tuve una experiencia profunda de encuentro con el Señor que me sobrecogió. Recuerdo que lloraba amargamente, me caían las lágrimas, lágrimas a ríos. Sorprendido me preguntaba: ¿por qué lloro? Me sentía como agraciado, cono uno a quien delante de la muerte, cuando le van a disparar, le dijesen: "Quedas libre, gratuitamente quedas libre" y entonces aún no se lo cree y llora por la sorpresa de que le han liberado. Esto fue para mí pasar de la muerte a ver que Cristo estaba dentro de mí y que alguien dentro de mí me ha dicho que Dios existe."

¿Qué era lo que me había pasado? Fue un toque, un testimonio profundo que me decía no solo que Dios existe, sino que Cristo es Dios.

"De hecho me presenté a un sacerdote y le dije que quería hacerme cristiano, y él me dijo: "¿cómo?, ¿es que no estás bautizado?" "Sí estoy bautizado", le contesté. "Entonces, ¿qué quieres?, ¿hiciste la primera comunión?". "¡Sí!, pero mira que yo..." "Ah, que quieres confesarte!..." No me entendía. Pero yo sabía que lo que quería era hacerme cristiano, y para eso, ¿ir a confesarme un día y ya está? Yo sabía que hacerse cristiano tenía que ser algo muy serio. Así es como por fin hice Cursillos de Cristiandad, una iniciativa que surgió en España por aquellos años. Y me ayudó. Comencé una verdadera búsqueda del Señor. Iba a la iglesia y decía a los demás: "Ayudadme a hacerme cristiano!".

"Después, mi pintura cambió. Comencé a pintar arte religioso. Algunos conocéis mis iconos. Al poco tiempo fundamos un grupo de artistas, un movimiento de renovación del arte sagrado para hacer las iglesias más hermosas. Arquitectos, escultores y pintores nos pusimos a reconstruir la Iglesia, un poco como empezó San Francisco. Pero en un cierto momento me di cuenta de que no servía nada reconstruir la iglesia exteriormente cuando tanta gente como yo se había encontrado en una terrible situación".

Señor, también yo te pido a ti y pediré a los demás: ¡Ayudadme a ser cristiano!

AHORA TE TOCA A TI HABLAR A DIOS CON TUS PALABRAS, COMENTÁNDOLE LA CONVERSIÓN DE KIKO O LO QUE QUIERAS.

Día 16. Kiko en las chabolas: ¡Resucitó!

El relato autobiográfico de Kiko continúa así: "El Señor me permitió encontrar a una persona que sufría. Entonces lo dejé todo y a todos. También mi prometedora carrera de pintor. Me fui a vivir a las chabolas. En Charles de Foucauld encontré la fórmula para vivir: una imagen de San Francisco, una Biblia -que sigo llevando conmigo porque la leo todos los días- y una guitarra. Entre las chabolas hechas con cartones, muy parecidas a las del Brasil, encontré una barraca que servía para los perros vagabundos y me metí allí. Hacía un frío terrible y venían todos los perros vagabundos a darme calor. Era algo gracioso estar allí con los perros, que de repente se encontraron con un nuevo huésped en su perrera que era yo.

¿Pero qué hacía allí y en esas condiciones? Dios me quería en las chabolas para empezar un camino de conversión para muchísima gente.

Allí en las chabolas ocurrió un milagro. Mis vecinos, la mayoría gitanos, me preguntaban quién era yo. Tenía barba, hablaba de forma distinta a la de ellos, pero hacía la misma vida: pedía limosna, trabajaba ocasionalmente como obrero... Entonces ellos me preguntaban, pero yo no quería hablarles. De Foucauld había aprendido la imagen de la vida oculta de Cristo: estar silenciosamente a los pies del Cristo-desecho de la humanidad, destruido. Ser el último es estar ahí, a sus pies. Pero el Señor empezó a llevarme, en primer lugar, a dos chicos perseguidos por la policía por vender droga, y después a un indigente borracho. Al poco tiempo éramos un grupo de diecisiete personas en mi chabola de tres metros cuadrados. Lleno total. Allí me encontré con la sorpresa de que tenía que hablarles, darles una razón de mi fe. Tomaba la guitarra, cantábamos, abría la Escritura y decía: "¡Señor, ayúdame. Yo no sé predicar, no sé hablar!", del profeta Ezequiel. He visto que el Señor me daba un significado a la Palabra para poder amarles a ellos, por amor a estos pobres que traían las manos llenas de pecados. Uno había estado siete veces en la cárcel, otra era un vieja fea y prostituta. Había ladrones, vagabundos que recogían cartones por la calle y los vendían, gitanos que andaban vagabundos. Tuve muchos problemas y conflictos. Intentaron matarme dos veces... Una historia que es mejor no contar.

"Un día el jefe de un clan de gitanos, que estaba en lucha con otro clan, y que venía mucho a verme para pedirme la guitarra, me preguntó qué decía la Biblia sobre los enemigos. Me contó que, tras un enfrentamiento entre los dos clanes, él había golpeado a la madre del jefe de otro en la cabeza, y que le tuvieron que dar quince puntos. Como entre ellos rige la "ley del Talión", pasados dos años había llegado el otro con deseos de venganza. Como en ese período la relación entre los dos clanes estaba en calma, decidieron ambos jefes encontrarse solos, y pelearse a bastonazos, hasta hacerse sangrar. Mi joven amigo estaba muy preocupado. Yo abrí la Escritura y le leí el Sermón de la Montaña, donde se invita a no poner resistencia al mal. "¿Entonces, debo dejar que me mate a bastonazos?" Le di el otro único libro que yo llevaba conmigo: "Las Florecillas de San Francisco". Lo leía y venía todas las tardes a comentármelo. Hemos rezado juntos para buscar una salida, para que pudiese salvar la vida sin necesidad de matar al otro. La única solución era ir sin el bastón en son de paz. El día de la lucha se presentaron antes a mí con el bastón. Al final lo convencí y fue sin él. Yo me puse de rodillas a rezar el rosario para que la Virgen María salvase la vida de aquel chico. El tiempo pasaba. Las dos, las tres de la madrugada. Pensé que habría muerto, cuando le vi llegar. Al verlo sin el bastón, su adversario decidió resolver la disputa económicamente. Me amigo decidió pagarle "un tanto". Se llama José Agudo. Ahora está en el Camino, y tiene trece hijos.

"Un día José me llevó a hablar a su tribu. Fue en una cueva enorme llena de gitanos. me dijo: "Háblales", y no sabía que decir. Así que empecé por el principio, y me puse a hablarles de Adán y Eva, cuando de repente la madre de José Agudo se levantó: "Yo sé que en el cielo hay una mano potente, que es Dios. ¿Pero lo de la otra vida, lo del infierno, todas esas cosas de los curas? ¡Yo lo único que sé es que mi padre murió y no ha vuelto a casa! ¡Cuando yo vea a un muerto volver del cementerio creeré!". Se levantaron todos y se fueron. y yo me quedé allí, bloqueado, atontado, sin saber qué hacer. Aquella mujer, sin embargo, sin quererlo, me había dado la clave, porque me había dicho que estaba dispuesta a escucharme cuando yo hubiese encontrado un hombre que hubiese salido del cementerio. Y efectivamente, buscando en la predicación primitiva y en los Hechos de los Apóstoles, se encuentra el testimonio de un pagano de nombre Festo, que le dice a Agripa que había un prisionero -que era San Pablo- que decía cosas muy interesantes. Festo hablaba a menudo con Pablo, pero la única cosa que habían entendido, y se lo decía a Agripa, era esto: "Hay un prisionero que habla de un muerto, que él dice que ha muerto, pero que vive, que ha vuelto de la muerte, ¡que ha vencido a la muerte!" De toda la predicación de San Pablo, Festo recordaba sólo esto. Os cuento esto para deciros en dos pinceladas cómo el Señor me ha hecho ir entrando en este kerigma, en este modo de anunciar la salvación, de dar en el núcleo central.

"Cada vez que me he sentido desalentado, he sentido una voz dentro de mí que me decía. "¡Coraje, Kiko, ánimo, que te quiero!" "¿De verdad que me quieres?" "En serio, ¡te quiero mucho, muchísimo!" Cristo me ha prometido: "Kiko, ¡tú no morirás!" ¡Un bautizado que viva coherentemente la fe ya ha resucitado con Cristo en el bautismo y forma parte del cuerpo de Cristo resucitado! Aquella gitana que me decía: "¿Cuándo has visto tú un hombre venir del cementerio?" Yo ahora le puedo contestar: " Por eso os invito a terminar con un canto. Cantemos un canto de la victoria de Cristo sobre la muerte, cantemos juntos ese canto que hice en las chabolas, que se llama ¡Resucitó!"

Tú eres, Jesús, el hombre que ha salido del cementerio. Eso es lo que contaba san Pablo, y tantos otros hasta hoy. Quiero contar que yo he visto a este hombre que ha salido de la tumba y ha venido a decirme: ¡La paz esté con vosotros, yo he vencido al mundo! ¡Gracias!

COMENTA CON ÉL, QUE TE ESCUCHA, LO LEÍDO. TERMINA CON LA ORACIÓN FINAL.

Día 17. 'Respeta cada palabra suya como si fuera mía'

Santa Faustina de Kowalska tuvo experiencias sobrenaturales. Jesús le hizo saber muchas cosas. Cuenta en su diario:

El Señor me dijo: "(...) hija mía, me escondo detrás de tu director espiritual; él se ocupa de ti según mi voluntad; respeta cada palabra suya como si fuera mía propia; él es el velo detrás del cual me escondo. Tu director espiritual y Yo somos uno, sus palabras son palabras mías".

¡Es impresionante! Los cristianos somos una familia, en la que ninguno estamos solo. Dios ha querido que también espiritualmente viajemos en la vida con una compañía. Es lo que llamamos en la iglesia 'acompañamiento espiritual' o 'dirección espiritual'.

En la confesión nos encontramos con Dios, que nos da su perdón. Pero también es posible, para el que quiera, recibir junto a la confesión una específica ayuda espiritual, si nos confesamos habitualmente con el mismo sacerdote, de manera que nos vaya conociendo y con quien desahogamos nuestra alma.

Tenemos la suerte, todos, de contar con esa ayuda. Y tenemos la garantía de lo que santa Faustina escribe.

También santa Teresa de Jesús lo dijo muchos años antes: "Siempre que el Señor me mandaba una cosa en la oración, si el confesor me mandaba otra, el Señor volvía a hablarme diciéndome que obedeciera al confesor; después *Dios* le cambiaba el corazón para que me mandara la voluntad del Señor".

Y en otra ocasión: "Como sé que la fuerza de la obediencia suele facilitar cosas que parecen imposibles, la voluntad se decide a escribir de buena gana, aunque la *salud* se debilita mucho. Si tampoco me diere el Señor esto, con cansarme y acrecentar el dolor de cabeza por obediencia, quedaré con ganancia, aunque de lo que dijere no se saque ningún provecho".

Cuentan que un día unas carmelitas contaban a santa Teresa que había una mujer que, por amor a Dios, hacía grandes sacrificios. Teresa siempre se había considerado mediocre en lo que respecta a la penitencia. Pensó en su interior la posibilidad de hacer más sacrificios, y al comentarlo con el sacerdote con quien se confesaba, a éste no le pareció oportuno que se mortificara más. Teresa en su oración comenzó a quejarse por ello, se le ocurrió la idea de desobedecerle, y mientras discurría en estas cosas, sintió con claridad que al Señor le agradaba más su obediencia que sus sacrificios.[13]

Puedes terminar con esta oración de santa Faustina:

Te agradezco, oh Dios, todas las gracias con las que continuamente me llenas. Las que me iluminan como los rayos del sol, y con las que me indicas el camino seguro. Gracias, oh Dios, por haberme creado, por haberme llamado a la existencia de la nada, y por grabar en mí Tu divino sello. Y lo has hecho únicamente por amor. Gracias, oh Dios, por el santo bautismo, que me insertó en la familia divina. Es un don de la gracia grande e inconcebible que nos transforma las almas. Gracias, oh Señor, por la confesión, por esta fuente de grandísima misericordia, que es inagotable. Por este manantial inconcebible de gracias en el que blanqueas las almas manchadas por el pecado. Gracias, oh Jesús, por la Santa Comunión, en la cual Tú mismo Te nos das. Siento Tu Corazón latir en mi pecho mientras Tú mismo desarrollas en mí la vida divina. Gracias, oh Espíritu Santo, por el sacramento de la confirmación, que me arma Tu caballero y da fuerza al alma en cada momento, y me protege del mal. [14]

PUEDES COMENTAR CON ÉL SI TIENES DIRECCIÓN ESPIRITUAL, Y SI PODRÍAS TENERLA, O CÓMO LA LLEVAS.

Día 18. Chiara Lubich y la escayola

Chiara Lubich empezaba una meditación con estas palabras: “He visto un hombre escayolado en el corredor de un hospital. Tenía inutilizados el tórax y un brazo, el brazo derecho. Con el izquierdo se las arreglaba para hacerlo todo... como podía. La escayola era una tortura pero el brazo izquierdo, aunque estaba más fatigado por la noche, se robustecía trabajando por los dos.

Nosotros somos miembros unos de los otros y el servicio recíproco es *nuestro deber.* Jesús no sólo nos lo ha aconsejado, sino que *nos lo ha mandado.* Cuando, por caridad, sirvamos a alguien, no nos creamos santos. Si el prójimo es impotente, debemos ayudarle, y ayudarle como él mismo se ayudaría, si pudiera. De otro modo, ¿qué clase de cristianos seríamos?

Si después, cuando llegue nuestra hora, tenemos necesidad de la caridad del hermano, no nos sintamos humillados. En el Juicio Final oiremos repetir a Jesús: *Estaba enfermo y me visitaste...*, pues a Jesús le gusta ocultarse precisamente en el que sufre, en el necesitado".[15]

Jesús nos lo ha dicho: nuestro comportamiento debe ser distinto al de los demás hombres, y la diferencia debe llamar la atención, hasta hacerles exclamar llenos de admiración: '¡Mirad cómo se aman!'

Sí. En nosotros deben ver que el amor vence la indiferencia y la comodidad, que Jesús ha resucitado y por eso es posible amar siempre, hacer por el otro lo que el otro no puede, hacer con el otro lo que solo no puede. Como dice San Pablo: "Nosotros, los robustos, debemos cargar con los achaques de los endebles y no buscar lo que nos agrada. Procuremos dar cada uno satisfacción al prójimo en lo bueno, mirando a lo constructivo. Tampoco Cristo buscó su propia satisfacción; al contrario, como dice la Escritura: "Las afrentas con que te afrentaban cayeron sobre mi" (Romanos 15,13).

Pero también damos testimonio del amor cuando nos dejamos ayudar. A veces la soberbia nos dice que debemos valernos por nosotros mismos, y no es así. No es humillante recibir ayuda, como no es humillar el prestarla.

Gracias, Jesús, por la ayuda que recibo, gracias porque has creado el corazón de los hombres bondadoso. ¿Se me nota que quiero a los demás? ¿Quiénes, a mi alrededor, tienen 'un brazo' escayolado?

AHORA TE TOCA A TI HABLAR A DIOS CON TUS PALABRAS, COMENTÁNDOLE LO LEÍDO O LO QUE QUIERAS.

Día 19. Meter el mar en un agujero de arena

San Agustín fue Obispo de la ciudad de Hipona entre los años 395 y 439. Hipona está al norte de lo que ahora es Argelia; entonces era una provincia romano-africana de Numidia. Una mañana de un buen día estaba él paseando por la playa dando vueltas al misterio de la Trinidad. Trataba de entenderlo. Sumido en sus cavilaciones iba y venía por la orilla, ensimismado... pretendiendo comprender, con su mente racionalista, cómo era posible que tres Personas diferentes -Padre, Hijo y Espíritu Santo- pudieran constituir un único Dios.

Pasaban las horas, pero no lograba avanzar en su compresión. No encontraba palabras humanas para expresar la realidad de Dios uno y trino. Cuentan que en un momento dado observó -sin darle demasiada importancia- que llegaba un niño que se puso a jugar cerca de él. El pequeño hizo un agujero no muy grande en la arena, corría hacia el mar y recogía un poquito de agua en una concha marina. Después regresaba corriendo a verter el líquido en el hueco, repitiendo esto una y otra vez.

Al poco rato, San Agustín se percató de lo que hacía el niño, le prestó atención muy extrañado, hasta que decidió acercarse hasta él y le preguntó:

- "*¿Qué haces, niño?*"

A lo que el chiquillo contestó sonriente:

- "*Quiero meter el océano en mi hoyo*".

El bueno de San Agustín, con un aire racional y paternalista, le respondió a su vez:

- "*Eso es imposible*".

Entonces el niño le dijo:

- "*Pues eso es lo que estás pretendiendo hacer tú, que pretendes meter en una mente finita el misterio de Dios*".

Y al momento, el niño desapareció de escena. San Agustín comprendió.

Una buena lección: si Dios cupiese en la cabeza de un hombre, Dios no sería Dios. Esas realidades de Dios que son tan grandes que nos resultan incomprensibles son las que llamamos *misterios*. Los misterios no son verdades sospechosas: más o menos como si cuando a la iglesia se le pone en un aprieto y no sabe por dónde salir... recurriese a la estrategia de decir: 'eso es un misterio'. Como si fuesen zonas oscuras, asuntos que no cuadran...

Con los misterios ocurre más bien lo que ocurre cuando miramos el sol. No somos capaces de mirar el sol con nuestros ojos porque no podemos resistir tanta luz. Es decir, cuando la realidad de Dios es tan grandiosa, nuestra mente no es capaz de entrar en tanta perfección. Y del mismo modo que aunque no podemos mirar al sol, todo lo que vemos lo vemos gracias a la luz del sol, así ocurre con el misterio: no lo podemos comprender pero nos permite entender las demás cosas.

Los cristianos queremos conocer más a Dios. Por eso es bueno que leamos, estudiemos o asistamos a medios de formación para ir conociéndolo cada vez más. Algunos pretenden entender todo, cosa que es ridícula, pero además lo pretenden sin dedicarle tiempo, sin estudiar.

Cuando preguntaban al cardenal John Henry Newman sobre su conversión, solía decir que no era algo que se pudiera explicar durante una cena 'entre plato de sopa y el de pescado'. 'Que se tomen las mismas molestias que yo'[16], añadía.

Señor, gracias por revelarnos los misterios. Que me acerque con respeto a tus verdades, que reconozca que se me irán desvelando en la medida en que te siga, en la medida en que viva lo que tú nos dices. Entonces iré admirándome de ti, aunque cuando me pidan explicaciones seguramente no sabré cómo explicarles.

PUEDES COMENTAR CON ÉL SI A VECES ERES UN POCO RACIONALISTA, Y SI TE ESTÁS FORMANDO COMO CRISTIANO...

Día 20. El ser sin rodillas

Hubo un tiempo en que parecía poco natural que los cristianos nos arrodillásemos al orar. Como si estar ante Dios sentado o de pie significase un trato con Dios más de tú a tú. Cada postura tiene su significado. La de arrodillarse también. Recordarla hoy, puede ayudarnos a tener presente su sentido cuando recemos arrodillados.

El pueblo hebreo era un pueblo sencillo, formado por pastores. Su idioma era también sencillo y muy concreto. No hay palabras para ideas abstractas. Por eso, los conceptos más abstractos de la vida del hombre solían representarlos por partes del cuerpo. Así, los deseos eran designados por el corazón, los riñones designaban el dolor, los lomos designaban los deseos, el seno materno designaba la misericordia... y las rodillas designaban el poder, la fuerza.

Por eso, para un hebreo doblar las rodillas significaba entregar el poder. Al doblarlas ante Dios, los judíos hablaban con su cuerpo: expresaban que doblaban las propias fuerzas ante Dios, reconociendo así su gran poder. La voluntad del que se arrodilla se somete a la voluntad de Dios. El poder de la propia libertad se dobla ante la voluntad todopoderosa y buena del Creador.

Los cristianos mantenemos este gesto, con el mismo sentido: es un gesto de adoración, y puede manifestar también súplica y arrepentimiento. El gesto corporal va acompañado de un sentido espiritual que es el de la adoración. Uno se arrodilla porque quiere adorar, y si uno quiere adorar lo expresa con su cuerpo arrodillándose. Adoramos con nuestro espíritu y con nuestro cuerpo. La adoración es uno de esos actos fundamentales que afectan al ser humano en su totalidad. Por eso, doblar las rodillas en la presencia del Dios vivo es algo a lo que no podemos renunciar.

Eusebio de Cesarea cuenta en su *Historia Eclesiástica*, que Santiago, el "hermano del Señor", el primer obispo de Jerusalén y "jefe" de la Iglesia judeo-cristiana, tenía una especie de piel de camello en las rodillas porque siempre estaba de rodillas, adorando a Dios y suplicando el perdón para su pueblo (2 23,6).

Los Padres del desierto cuentan una ocasión en la que el diablo fue obligado por Dios a presentarse ante un tal abad Apolo. Su "aspecto era negro, desfigurado, con miembros de una escualidez espantosa y, sobre todo, *no tenía rodillas*. La incapacidad de arrodillarse aparece, por decirlo así, como la esencia misma de lo diabólico" (*Ibi.*, p. 218).[17] Es impresionante: ¡el diablo se representa como quien no tiene rodillas!

Es importante que recemos de rodillas. Los *Hechos de los Apóstoles* nos narran la oración de rodillas de San Pedro (9,40), de San Pablo (20,36) y de toda la comunidad cristiana (21,5). También san Esteban. El primer mártir cristiano es presentado en su sufrimiento como la imagen perfecta de Cristo, cuya pasión se repite en el martirio del testigo, incluso en sus detalles. Esteban, de rodillas, hace suya la petición de Cristo crucificado: *Señor, no les tengas en cuenta este pecado* (Hch 7,60).

Al llegar a una iglesia, en la consagración de la misa, después de comulgar, la oración nada más levantarnos –el ofrecimiento de obras-, al rezar por la noche las oraciones –las tres avemarías-, son buenos momentos para hacerlo de rodillas. Así, nos unimos a la oración de Jesús, y decimos con nuestro cuerpo también que le adoramos, que le entregamos todo, que suyo es el poder, que nuestro poder es suyo.

Señor, que ante ti se doble toda rodilla en el cielo, en la tierra, y en los infiernos, y toda lengua confiese: Cristo Jesús es Señor, para gloria de Dios Padre. (Filipenses 2, 6-11). También yo quiero arrodillarme, y así, con mi cuerpo y con mi espíritu, reconocer que solo tú eres mi Señor.

AHORA PUEDES REPASAR CON ÉL SI REZAS DE RODILLAS, CUÁNDO PUEDES HACERLO, Y DECIRLE QUE LO QUIERES HACER EL SENTIDO QUE TIENE.

Día 21. '¡Cómo hay cristianos que se acuestan sin vida eterna!'

Cuando se acerca el fin del año, es frecuente encontrar noticias en las que los gobernantes dividen el tiempo entre el presente y a partir del 1 de enero. Que si subirá el precio de la electricidad, que si bajarán los impuestos de no sé qué, que si desaparecerá tal otro impuesto, que la inflación bajará... Una línea divisoria que marcan los políticos: hasta ahora, y a partir del comienzo del año.

Los hombres siempre han dividido el tiempo entre el presente y el tiempo –si lo hay- que comienza después de la muerte. Tiempo actual y tiempo venidero, podríamos llamarlos. Otra línea divisoria marcada por la muerte.

Sin embargo, desde Cristo y su Pascua, la línea divisoria se ha cambiado. A la muerte se le ha vencido, y la división del tiempo ya no la impone ella. Jesús ha resucitado. Aquella división del tiempo ha saltado por los aires. Ahora es distinto. La vida temporal y la vida eterna no va una detrás de la otra, como si la vida eterna viniese a continuación y siguiendo a la vida temporal. ¡Qué va!

Es un error bastante común pensar que la vida eterna es la que viene después de la muerte. No. Dice Jesús: 'Quien escucha mi palabra y cree en el que me ha enviado, tiene vida eterna... y ya ha pasado de la muerte a la vida' (Juan 5, 24), ¡...ya tiene vida eterna!

Se le llama *vida eterna* no porque empiece en la eternidad y no tenga nada que ver con nuestro tiempo, sino porque empieza ahora y no terminará nunca. 'Yo soy la resurrección y la vida. El que cree en mí, aunque muera, vivirá, y el que vive y cree en mí no morirá para siempre' (Juan 11, 25).

Ya tenemos la vida eterna, la vida de Dios, una vida nueva... Esta vida es la gracia de Dios. El cielo ya empieza en esta vida, el Reino de Dios ya está entre nosotros, en el corazón de los que se han abierto a Jesucristo.

Por esto, una constante en los cristianos es la de ser hambrientos de la vida nueva, golosos de la gracia. Como el niño glotón al que le ofrecen un capazo de golosinas, que coge con las dos manos todas las que puede después de haberse llenado los bolsillos y la boca... así los cristianos deseamos que la gracia de Dios nos llene hasta 'salirnos por las orejas'...
'Llena eres de gracia', le recordamos contentos de que así sea María. Y nosotros se la pedimos continuamente: 'Infunde, Señor, tu gracia sobre nosotros...', 'Te suplicamos, Señor, que derrames tu gracia en nuestras almas...'

Cuentan que algunos alumnos de santo Tomás de Aquino le preguntaron qué quería que ellos transmitiesen a las generaciones siguientes cuando él hubiese muerto. Dicen que no contestaba. Sus alumnos insistieron otra, otra y otra vez: querían como un testamento de un filósofo y teólogo que ha sido de los mejores de la historia, a quien seguimos estudiando hoy día, siete siglos después. Al final, santo Tomás se decidió a hablar. Con un tono algo misterioso, con gesto de pena, de desconsuelo y con cierta tristeza, dijo algo así como 'nunca podré entender cómo hay cristianos que se acuestan sin estar en gracia'. Ese era el testamento del gran intelectual y santo.

En medio del tiempo vivimos lo eterno. Sin la vida eterna, vivimos muertos, y la muerte tiene el poder sobre nosotros. Cuando el bien nos deja indiferentes o nos aburre, y sin embargo el mal nos atrae y nos domina y es lo único que nos parece divertido... es que la vida eterna es escasa o está ausente en nosotros.

Señor resucitado, te suplicamos que derrames tu gracia en nuestras almas, que la derrames abundantemente porque quiero estar lleno de gracia, vivir tu vida eterna aquí, ser transformados por tu vida. Ese es tu regalo gratuito a nosotros los hombres. Vivir movidos por una fuerza superior, por un amor imposible para nosotros solos, vivir con pasión por el bien, vivir aborreciendo el mal. Santa María, llena eres de gracia, intercede por nosotros y que ningún cristiano se acueste sin tener en él vida eterna.

REPASA CÓMO VALORAS VIVIR EN GRACIA, SI ERES GOLOSO, Y PUEDES DECIRLE QUE TE CAMBIE EN LO QUE VEAS QUE NECESITAS CAMBIAR...

Día 22. Gustar a Dios

El otro día me lo volvía a decir un chico, hablándome de una amiga: '-Sé que le gusto, porque me lo han dicho mis amigos, pero...'. Nunca me ha convencido esa expresión: me gusta fulanito o le gusto a fulanito. Pero puede servirnos. La vida del cristiano tiene un motor: querer agradar a Jesucristo, ser de tal manera que le guste, que cuando él me mire encuentre en mí eso que le produce contento.

Hay una poesía de Pedro Salinas a su novia Margarita que empieza así:

Se te está viendo la otra.
Se parece a ti:
los pasos, el mismo ceño,
los mismos tacones altos (...)
Cuando vayáis por la calle
juntas, las dos,
¡qué difícil el saber
quién eres, quién no eres tú!
Tan iguales ya, que sea
imposible vivir más
así, siendo tan iguales.
Y como tú eres la frágil,
la apenas siendo, tiernísima,
tú tienes que ser la muerta.
Tú dejarás que te mate,
que siga viviendo ella,
embustera, falsa tú,

pero tan igual a ti
que nadie se acordará
sino yo de lo que eras.

Se trata de una poesía en la que el poeta se lamenta de que en su novia haya dos personas: por una parte la que ella es, y por otra la que tiene que ser, a la que él quiere, tierna, frágil, buena... Pero en ella también hay otra persona que es más falsa, embustera, que está echando a perder lo grande que tiene, su bondad, es alguien que se está dejando llevar por cosas negativas que la alejan de quien podría ser

¿No nos ocurre lo mismo a todos? Que la vida nos va llevando por unos caminos que nos hacen malos, que la soberbia, o la pereza, o la presión del ambiente influyen tanto en nosotros que nos cambian. Sabemos que tendríamos que trabajar, pero nos estamos haciendo perezosos o caprichosos, sabemos que podríamos ser alegres, pero nos dejamos dominar por el mal humor y nos hacemos antipáticos, sabemos que podríamos ser limpios y generosos pero la pasión nos tira a ser sucios o egoístas y nos dejamos dominar por el ir a nuestro rollo...

La poesía termina con estas palabras:

Y vendrá un día
-porque vendrá, sí, vendrá-
en que al mirarme a los ojos
tú veas
que pienso en ella y la quiero:
tú veas que no eres tú.[18]

Esta poesía de amor es la que Jesucristo nos puede decir a cualquiera de nosotros cuando vivimos de tal manera que nos vamos estropeando. Cuando le miramos... vemos que no somos el que él desea ver, que estamos siendo otro y no el que él querría ver. Quien ama, sufre viendo que se estropea su amado.

El cristiano no está todo el día examinándose y lamentándose porque querría ser mejor. Lo que nos mueve a los cristianos es ser de tal manera que *le guste* cada día más a Jesús. No me examino para tener más virtudes, o para ser más perfecto, sino para que este Jesús que tanto me quiere reciba de mí lo que él merece: para *gustar* a Jesús.

Jesús, que cuando me mires y yo te mire –es lo que hago ahora y cada vez que hago oración– me duela lo que a ti te duele encontrar en mí. Gracias por amarme, y que cada día te guste más. Que no veas en mí el otro, el embustero y falso yo.

AHORA TE TOCA A TI HABLAR A DIOS CON TUS PALABRAS, COMENTÁNDOLE QUE QUIERES GUSTARLE...

Día 23. El franciscano preso número 16.670

Auschwitz fue el campo de concentración más grande creado por los nazis. Ahora lo han convertido en un museo. Allí se señala el lugar donde estuvo encerrado Maximiliano Kolbe. ¿Por qué es famoso este polaco que Juan Pablo II canonizó?

Kolbe, nacido en 1894, decidió ingresar en un

convento franciscano a los 16 años. Después de hacer dos doctorados en Roma, aparte de dar clases en el seminario, fundó la Milicia de la Inmaculada. En 1927 fundó una pequeña ciudad, llamada Niepokalanów -la Ciudad de la Inmaculada-, con un convento, radio, imprenta y un servicio de bomberos. Trabajaban unas tres mil personas que vivían allí; todos sus trabajos eran para difundir la devoción a María; aparte de la radio, publicaban un par de revistas dedicadas a la Virgen con una grandísima difusión. Más tarde fue como misionero a Japón, donde hizo una fundación similar.

El año 1936, estando en Niepokalanów, fue apresado junto a otros frailes y enviado a campos de concentración en Alemania y Polonia. Poco tiempo después, el día de la Inmaculada, es liberado. En 1941 es hecho prisionero otra vez y enviado a la prisión de Pawiak, y luego al campo de concentración de Auschwitz, donde prosiguió su ministerio a pesar de las terribles condiciones de vida. Los nazis trataban a los prisioneros de una manera inhumana y los llamaban por números; a San Maximiliano le asignaron el número 16670. A pesar de los difíciles momentos en el campo, su generosidad y su preocupación por los demás nunca le abandonaron.

Las normas del campo ordenaban que los prisioneros fueran guardianes unos de otros. En julio de 1941 hubo una evasión del campo de concentración. Como castigo, impusieron que se ejecutara a diez hombres por el prisionero que se había escapado. Hicieron el sorteo 1-2-3-4...9...10 y al que le correspondió el número 10 se oyó un grito desgarrador: "Dios mío, yo tengo esposa e hijos. ¿Quién los va a cuidar?". Era Francis Gajowniczek, un hombre casado y con hijos pequeños. En ese momento, Maximiliano levantó la mano haciendo una señal a los guardias, y el oficial le dijo: "¿Qué es lo que quiere ahora este cerdo polaco?"

El padre Kolbe dijo al oficial: "Yo me ofrezco para reemplazar al compañero que ha sido señalado para morir de hambre". El oficial le respondió: "¿Y por qué?". "Porque él tiene esposa e hijos que lo necesitan. Yo soy soltero y solo, y nadie me necesita". El oficial dudó un momento y respondió: "Aceptado". Maximiliano Kolbe fue llevado con sus otros nueve compañeros a morir de hambre en un subterráneo. Aquellos tenebrosos días fueron de angustias y agonías continuas. Maximiliano animaba a los demás y rezaba con ellos. Poco a poco fueron muriendo uno tras otro. Después de diez días, sólo él sobrevivía. Como los guardias necesitan ese lugar para otros presos, le pusieron una inyección de cianuro y lo mataron. Era el 14 de agosto de 1941.

En 1983 el Papa Juan Pablo II visitó Niepokalanów, fundada por Kolbe. Al comienzo de su homilía dijo: "«Nadie tiene amor mayor que el que da su vida por sus amigos» (Jn 15,13): así dice Jesús al despedirse de los Apóstoles en el Cenáculo, antes de encaminarse hacia la pasión y la muerte. «Sabemos que hemos sido trasladados de la muerte a la vida, porque amamos a los hermanos», repetirá después el apóstol Juan en su primera Carta (1 Jn 3,14). Y concluirá: «En esto hemos conocido la caridad, en que Él dio su vida por nosotros; y nosotros debemos dar nuestra vida por nuestros hermanos» (1 Jn 3,16)." Esto fue lo que vivió Maximiliano Kolbe.

Resulta interesante considerar que éste fue su final. Lo que quizá saben menos personas, es algo que vivió en su comienzo. En sus años de seminario coincidió con uno de sus hermanos. En un momento determinado, Maximiliano llegó a convencerse y convencer a su hermano de abandonar el seminario. ¿La noche oscura del alma?, ¿temor ante un reto que él se tomaba tan en serio que le pareciera por encima de sus fuerzas?, ¿dudas? Cuando iban a hablar con el superior, por casualidad, llegó a verlos su madre, llena de alegría. Con satisfacción les cuenta que el hermano menor también va a entrar en la orden. La madre les asegura que ella siempre rezaría por sus hijos. Abrazos y lágrimas dieron más intensidad a sus palabras.

Aquella visita disipó todas las dudas en los corazones de los hermanos. Nueve años más tarde, desde Roma, recuerda aquella visita en una carta a su madre y la considera un " regalo salvador, providencial, de la Inmaculada".

Los santos no han vivido sin dificultades, dudas,

tentaciones, inseguridades... Es importante recordar siempre que Jesús ha resucitado, que unidos a él podemos crecer en esas situaciones, que ser santos es para nosotros: tenemos que saber aguantar el tirón. El Espíritu Santo nos va transformando, pero poco a poco. Si seguimos adelante, va agrandando nuestro corazón hasta que, como Maximiliano Kolbe, desearemos dar la vida por los demás, por cualquiera, porque amaremos a todos. Pero... poco a poco... él actúa: él es quien nos transforma.

María Inmaculada, quiero darte a conocer a muchos. Ayúdame a dejarme transformar, como Maximiliano Kolbe, para que cada día dé mi vida por los que tengo al lado con detalles concretos de servicio, ayudándoles, escuchándoles, trabajando bien, sonriendo... Que sepa tener esperanza y saber esperar en los momentos de crisis, cuando las cosas no las vea claras, cuando me invada el desánimo o la inseguridad. San Maximiliano Kolbe, ruega por nosotros.

COMENTA CON ÉL SI QUIERES CÓMO HAS VIVIDO TUS CRISIS, Y TERMINA CON LA ORACIÓN FINAL.

Día 24. Respetar a las gallinas

Un gobierno europeo publicaba recientemente una ley por la que se prohibía que las vacas fuesen trasladadas en camiones con poco espacio para cada una, y que si los viajes superaban las cuatro horas se les debía dejar un tiempo para descansar.

No entro a valorar la ley, pues no soy un experto. Pero sí habla de una sensibilidad que es muy cristiana. Por supuesto que el hombre es el dueño de la creación, que somos superiores al resto de las criaturas que pueblan el Planeta. Ahora bien, los animales son compañeros de nuestra existencia, son criaturas de Dios, tienen una dignidad. El hombre es el dueño de la creación, pero no puede ser un déspota que haga lo que se le antoje. Todas las criaturas tienen una dignidad que los hombres tenemos que saber respetar.

En una entrevista que hacían a quien más tarde sería elegido Papa Benedicto XVI, hablaba de esto. Decía que los hombres deberíamos plantearnos hasta qué punto son correctas algunas prácticas, como esos criaderos de gallinas en los que jugando con la luz y la oscuridad se manipulan los ciclos para que las gallinas pongan más huevos, sin hablar de las condiciones de vida a las que se les somete.

Amamos la creación y a todas las criaturas. Nos servimos de ellas para nuestras necesidades, pero las respetamos. Y no solo eso, sino que los hombres somos la boca de esas criaturas. ¿La boca? Sí.
En el libro del Apocalipsis se dice: 'Alabad al Señor, sus siervos todos' (19, 5). Y los hombres alabamos a Dios por toda la creación. Como reza el libro de Daniel, rezamos este cántico:

Criaturas todas del Señor, bendecid al Señor, ensalzadlo con himnos por los siglos.

Ángeles del Señor, bendecid al Señor; cielos, bendecid al Señor.

Aguas del espacio, bendecid al Señor... Sol y luna, astros del cielo, lluvia y rocío, vientos todos, fuego y calor, fríos y heladas, rocíos y nevadas, témpanos y hielos, escarchas y nieves, noche y día, luz y tinieblas, rayos y nubes... Bendiga la tierra al Señor.

Montes y cumbres, cuanto germina en la tierra, manantiales, mares y ríos, cetáceos y peces, aves del cielo, fieras y ganados, bendecid al Señor, ensalzadlo con himnos por los siglos.

Hijos de los hombres, Israel, sacerdotes del Señor, siervos del Señor, almas y espíritus justos, santos y humildes de corazón, Ananías, Azarías y Misael... Bendigamos al Padre y al Hijo con el Espíritu Santo, ensalcémoslo con himnos por los siglos[19].

Los cristianos prestamos nuestra voz a las criaturas para alabar a Dios, agradecer que haya hecho todo con sabiduría y belleza, orden y bondad. Nos alegra contemplar la creación, respetarla, y regodearnos en ella hablando bien a nuestro Dios y de nuestro Dios.

Podemos rezar la oración de san Francisco, y aprender de él a mirar las criaturas:

Alabado seas, mi Señor, por todas las criaturas, especialmente por mi señor hermano el Sol. Con su lumbre y su luz nos das el día ¡Cuán bello es y esplendoroso! Él lleva tu representación ¡oh Dios Altísimo!

¡Alabado seas, mi Señor, por la hermana Luna y las

Estrellas: en el cielo las formaste claras y preciosas y bellas! ¡Alabado seas, mi Señor, por el hermano Viento, por el Aire y la Nube, por el Cielo sereno, el Nublado y todo Tiempo: con ellos sostienes a tus criaturas!

¡Alabado seas, mi Señor, por la hermana Agua, tan útil, tan humilde, tan preciosa y tan casta!

¡Alabado seas, mi Señor, por el hermano Fuego: por él nos alumbras la noche, y es bello y alegre, vigoroso y fuerte!

¡Alabado seas, mi Señor, por nuestra madre y hermana la Tierra, que nos mantiene y nos gobierna, nos da frutos diversos y flores de color y verde hierba!

SI QUIERES PUEDES SEGUIR ALABÁNDOLE, CON ESTAS U OTRAS PALABRAS. TERMINA CON LA ORACIÓN FINAL.

Día 25. Lolo, el joven periodista de Acción Católica

"Haz por sentarte a la mesa de las sinceridades y tú mismo vete rellenando el carnet de identidad.

De nombre te pones Hombre y éstos son los apellidos que debieras: Libre, Amante e Inmortal.

Residencia provisional, la tierra, de paso para la Eternidad.

Hijo, de Dios. Profesión, la Generosidad.

De fotografía, le estampas el corazón y rubricas todo con letra de fe y firma de esperanza."[20]

Quien escribe esto es Lolo, un periodista algo singular. Lolo fue un joven de Acción Católica. Nació en Linares (Jaén. España) en 1920. A los 22 años una parálisis progresiva le sentó en un sillón de ruedas. Su inmovilidad fue total. Los últimos nueve años, también ciego.

Pero Lolo fue un joven cristiano que se tomó en serio el Evangelio, o como decía de él otro periodista: "Se dedicaba a ser cristiano. Se dedicaba a creer". Tan en serio se tomaba el Evangelio que un día el Hermano Robert, de Taizé, se acercó a su casa. Lo vio. Lo oyó hablar. Miró aquel cuerpecillo agarrotado. Tomó la pluma y escribió en la pantalla de la lámpara que alumbraba desde el rincón la mesa donde Lolo trabajaba: "Lolo, sacramento del dolor".

Pero Lolo, que mantuvo la perenne alegría en su permanente sonrisa, "varón de dolores" y sin embargo sembrador de alegría en los cientos de jóvenes y adultos que se acercaban a él en busca de consejo, hizo un gran bien.

Con otra comparación expresiva, la del viaje en el avión, nos describe las líneas maestras de su vida, casi idénticas al anterior texto:

"Voz de azafata:

-"¡Atención, atención! Avión a punto de partir.

Ruta sobre el techo del mundo; pasaje de fe y asiento de generosidad.

Utilice la escalerilla del entusiasmo y abróchese el cinturón de la esperanza.

Destino: el Reino de Dios."[21]

Lo que ha afirmado en un tono sereno con la lucidez y vivacidad de su mente, lo expresa ahora con vehemencia, como un volcán en erupción:

"Tengo sed, Señor, del agua de esa fuente. Mi corazón quema de tanta lumbre interior, de tantos ardores siempre. Me abraso de ansias de ser mejor, de notarme más fiel, más leal, más generoso, más incondicional.
Mi sed es de Ti, ¿por qué has de darte siempre con cuentagotas? ¡Dame más, Señor! ¡Lléname como un aljibe, y casi en seguida, me dejas vacío, para que yo goce además el júbilo de sentir cómo te viertes!

Tengo ganas de que se termine la sed, pero también quiero que nunca se acabe, porque la sed es una hermosa esperanza y nuestra pequeña esperanza se redime en su propia espera y su dolor."[22]

No quiere que se quede en ideas abstractas y puros sentimientos, lo concreta, lo programa, como suele ser su costumbre, en *un decálogo de vida* para verse "quemado por Cristo todo el día":

"Y para que veas que te lo digo de corazón, aquí te dejo, Señor, la bandera y el programa de un humilde decálogo. Ojéalo y, si vale, échale al fin tu bendición:
-I. Te desayunarás cada amanecer con el buen panecillo de Dios y luego te harás de su milagro repartiendo los panes y los peces de tu corazón.
-II. No vivas nunca sin los dolores de grietas del grano que se entierra, pero hazlo con gesto humilde y alegre, como quien lía un pitillo con despreocupación.
-III. Nunca pienses en el "mirlo blanco" de una cosecha, Tú, a tus zapatos, que es el arar de continuo.

-IV. Restriega y lava tus ojos en la fe, para ver siempre al Cristo que vive en el bueno, el mediano y el pecador: (Sí, ¿o es que no lo notas en su Pasión, azotado y sangrante por las injurias?).
-V. De hombre a hombre, te bajas del pupitre y obras como un barro de inferior calidad pero el chorro de Gracia de tu vida lo das sin tasa y seguro, con la fuerza del Dios que todo lo puede.
-VI. Échale al mundo sin guardaespaldas, a todo riesgo, que no hay vacuna como la de la Gracia y hasta el peor de los hombres te podría contagiar un algo que te faltase.
-VII. Cuando des, da bienes, corazón y gracias, porque ¡menudo favor te hace Cristo con dejarse socorrer en el pobre...!
-VIII. No juegues al colosalismo apostólico y no andes de zascandileos con Cristo por los callejones mientras no lo tengas como un rey en tu trabajo y en tu ambiente.
-IX. En el cielo no entran ni las tortugas ni los caracoles. Tú lo escalarás en equipo y con un buen sello de urgencia estampillado en el corazón.
-X. Ni tus manos, ni tus labios, ni tu cabeza se dejarán caer sobre una almohada sin que noten las agujetas de haberse "quemado" por Cristo todo el día."

Gracias, Señor, por estos hombres en los que vemos las maravillas que tú haces. En ellos vemos tu resurrección, tocamos que el amor es más fuerte que el dolor, que la traición, que el resentimiento y que el odio. Dame un gran amor, y así seré capaz de estar alegre y contagiar tu paz a los demás también en los momentos más duros.

PUEDES HABLAR A DIOS DEL DECÁLOGO DE LOLO, Y QUIZÁ COMENTARLE ALGUNA DE SUS ORACIONES

Día 26. Perdonadles

Como sabes, en la Guerra Civil que hubo en España en 1936-1939, hubo algunos que fueron contra la iglesia: por el hecho de ser cristianos, algunos fueron asesinados. Varios centenares de ellos han sido canonizados en 2007. Este es uno de ellos: Bartolomé Blanco, jienense de Pozoblanco.

Tenía 21 años y una novia maravillosa. La víspera de su fusilamiento se despide de sus familiares, de sus tías y primos, con estas palabras:

'Conozco a todos mis acusadores. Día llegará en que vosotros también los conozcáis. Sea ésta mi última voluntad: perdón, perdón y perdón. Una indulgencia que quiero venga acompañada de hacerles todo el bien posible.

Os pido que me venguéis con la venganza del cristiano, devolviendo mucho bien a quienes me han intentado hacer mal'.

¿Qué puede mover a un joven obrero y sindicalista a expresarse con semejante serenidad? ¿Cuál será la clave por la que tantos cristianos hayan respondido así? ¿No te parece que si es posible vivir así, de perdonar como ellas lo hicieron, y de creer con tranquilidad y firmeza, merece la pena emplear la existencia para encontrar la clave?.

Así es la venganza del cristiano: devolver mucho bien a quien ha querido hacernos mal. Que Cristo haya resucitado significa que sigue vivo. Y vive en los cristianos. Sin su vida en nosotros, no nos resultaría posible comportarnos como estos 498 mártires de la guerra civil se portaron cuando les persiguieron por ser cristianos. Ahí está la clave: pero solo se desvela a quien la busca... con las manos atrás, es decir, sin querer imponerse, sin desconfiar. Si le encontramos, también nosotros diremos: 'Os pido que me venguéis con la venganza del cristiano, devolviendo mucho bien a quienes me han intentado hacer mal'

Señor, vive en mí. ¡Ven, Señor Jesús! Ven, y habita en mí. Que cada vez te deje estar más plenamente, que cada día me poseas más de manera que seas tú quien vive en mí, como decía san Pablo. Por intercesión de todos los mártires, te ruego por todos los cristianos que estamos todavía de camino.

CONVÉNCELE AHORA PARA QUE TE ENSEÑE A PERDONAR, Y MIRA SI APLICAS 'LA VENGANZA CRISTIANA' DE LA QUE HABLABA BARTOLOMÉ.

Día 27. Vivir al día

La oración del Padrenuestro contiene siete peticiones. La estructura es perfecta: las tres primeras se refieren al Reino de los cielos, las tres últimas a nuestras necesidades durante nuestro paso por este mundo; y en el centro, entre un grupo y otro -mejor, uniendo un grupo y otro-, la cuarta petición: 'danos hoy nuestro pan de cada día'.

El cristiano vive, no entre el cielo y la tierra, sino en el cielo y en la tierra. La cuarta petición marca el estilo de vida de estos ciudadanos: cada día piden el pan de ese día al cielo. Los discípulos de Jesús hemos sido enseñados por él mismo a no vivir de cálculos y seguridades terrenales, sino de los bienes que cada día nos da el Señor. Los discípulos de Jesús hemos aprendido desde el principio a vivir en un continuo intercambio con el Señor, contemplarle y confiar en él... cada día.

En esta oración, Jesús nos enseñó no solo a dirigirnos al Padre con la boca, sino también con la vida: quien reza el Padrenuestro encuentra una falsilla para actuar. 'Danos hoy nuestro pan de cada día': es la oración de los que no acumulan, de los que no buscan la seguridad en ellos mismos, de los confiados, de los sencillos y pobres de corazón, de los que se conforman con lo suficiente, de los que no viven pendientes del tener porque les ocupan otros intereses mayores.

Duerme bien el cristiano: no le quita el sueño lo que ocurrirá mañana. "No os preocupéis por vuestra vida acerca de qué comeréis, ni por vuestro cuerpo, acerca de qué os vestiréis...son las gentes del mundo las que se afanan por estas cosas. Bien sabe vuestro Padre que las necesitáis" (Lucas 12, 22-32) Él cristiano sabe que el Señor es su guardián, guardián que 'no duerme ni reposa' (Sal 121, 4). El dependiente de Dios es un loco irresponsable para el mundo, pues, en vez de tararear continuamente la tabla de multiplicar, prefiere musitar la cuarta petición. Sabe que aquella zona incontrolada del futuro no será oscura cuando llegue, pues también ese día caerá su pan cotidiano. Cada día el dependiente volverá a contemplar a su Dios, y cada día esperará de él su protección.

Estas afirmaciones pueden despertar cierto escepticismo en unos, pero en otros no hacen más que evocar recuerdos en los que así ocurrió: siempre Dios ha salido a su paso.

Quien no se cuelga de la cuerda, no sabe si aguanta su peso; solo quien se cuelga de la cuerda puede pender de ella: quien corre el riesgo de confiar en Dios tendrá la experiencia de su protección y cuidado; quien no corre el riesgo, nunca lo sabrá.[23]

Como dice el padre Kentenich: "no pretendamos tener la seguridad de una mesa, sino la del péndulo. Aquí en la tierra no hay seguridad alguna que pueda serenarnos. Sólo hay un péndulo que oscila en el aire. La solución de todos los problemas reside en la vinculación íntima, sencilla y filial al Padre. [24]

Danos hoy nuestro pan de cada día, Señor. Tú eres el Dios vivo, que vives siempre amando a cada criatura. Que no sea desconfiado, como si te dedicases a otras cosas o te echases de vez en cuando a reposar, como si no te importásemos tanto.... Tú, Señor resucitado, estás con nosotros todos los días hasta el fin de los tiempos. Confío en ti, pero aumenta mi confianza. ¿Qué me preocupa? ¿qué no he abandonado todavía en tus manos? ¿algo me intranquiliza o me quita el sueño? Que no sea tonto y confíe en ti.

AHORA TE TOCA A TI HABLAR A DIOS CON TUS PALABRAS, QUIZÁ REPASANDO SI SABES VIVIR AL DÍA...

Día 28. Soltar amarras: ligero de equipaje

San Pablo nació en Tarso, una ciudad importante. En el año 171 antes de Cristo, el rey Antíoco Epífanes intentó helenizar el judaísmo, pretendió que la cultura griega fuese incorporada por los judíos. La consecuencia fue ésta: los judíos de Tarso, para defenderse de esta influencia, crearon una comunidad de raza muy cerrada, una colonia; tenían los mismos derechos que los griegos, pero así mantenían a salvo su identidad. De esta manera, formaron como un pequeño estado dentro de otro estado: eran judíos dentro de un estado griego.

En la antigüedad la comunidad de parentesco era sagrada e íntima. Nadie podía ser ciudadano de una ciudad sin estar vinculado a una estirpe, sin ser de una familia que estuviera arraigada en esa ciudad. Pablo tenía el orgullo de pertenecer a una de esas estirpes o familias judías de la importante ciudad de

Tarso. Por eso, en sus cartas aprovecha para enviar saludos a miembros de su estirpe: Andrónico, Junia y Herodión...

Estos datos nos ayudan a entender lo que quiere decir san Pablo cuando escribe: 'Nosotros, los cristianos, tenemos nuestra ciudadanía en el cielo' (Fil 3, 20). Con orgullo nos dice que estamos en el mundo como todos los demás hombres, pero que tenemos una familia, una estirpe que nos hace ciudadanos de otro lugar: somos ciudadanos del cielo. Pertenecemos a la familia de Dios, somos sus familiares, aunque vivamos en el mundo estamos ligados y ya vivimos en cierto modo en otro lugar: pisamos la tierra y nuestra cabeza está también en el cielo.

San Agustín escribió también un libro que titula 'La ciudad de Dios'.

Una imagen que usamos con frecuencia los cristianos es la del *Camino* –así llamaban al principio al cristianismo–: somos caminantes, estamos de paso en la tierra, de paso hacia el cielo, de donde somos ya ciudadanos y lo seremos para siempre. Estamos de viaje, somos peregrinos, *viatores*...

Esta verdad no nos saca del mundo: lo amamos, disfrutamos de él porque es bueno y Dios nos ha creado para que seamos felices aquí en la tierra y luego en el cielo. Una oración de la misa pide a Dios: 'La participación frecuente en esta eucaristía nos sea provechosa, Señor, para que disfrutemos de tus beneficios en la tierra y crezca nuestro conocimiento de los bienes del cielo'[25].

Disfrutar de esta vida, y crecer en el deseo y conocimiento de nuestra verdadera ciudad. ¡Qué bueno es, por eso, que soltemos amarras! Que no vivamos atados a cosas de esta tierra, que dispongamos de las cosas pero libres de ellas, que no pongamos aquí todas las esperanzas, que relativicemos todo lo que aquí nos pasa. Vivimos en este mundo pero sabemos que no somos de este mundo. Andar ligeros de equipaje.

Señor, que suelte amarras, que no viva como si la vida en la tierra fuese todo. Que ningún cristiano olvidemos que somos ciudadanos del cielo: que crezca nuestro conocimiento de los bienes del cielo, y que los demás vean en nuestra forma de vivir que nuestra ciudad definitiva no es ésta sino el cielo.

AHORA TE TOCA A TI HABLAR A DIOS CON TUS PALABRAS, COMENTÁNDOLE LO LEÍDO O LO QUE QUIERAS.

Día 29. Rezar todos los días, pase lo que pase

Te copio una noticia antigua del periódico. Hace referencia a la operación que Juan Pablo II sufrió en octubre de 1996:

"El Papa pasará más días en el hospital de los inicialmente previstos. Una circunstancia que, según el cirujano Francesco Crucitti se debe a que Juan Pablo II "es un paciente rebelde" y en el Vaticano podría estar más ansioso por retomar sus actividades normales. Ello podría dificultar su recuperación.

Crucitti recordó que el Papa impidió que se adelantara su operación -a pesar que le fue diagnosticada en las Navidades pasadas- porque tenía numerosos compromisos. Ha preferido esperar a un "hueco" en su agenda para acceder a la intervención, aunque esto le haya supuesto más malestares. Por otra parte, el portavoz del Vaticano, Joaquín Navarro-Valls, comentó que el Pontífice se había levantado el día de la operación a las tres de la mañana, que rezó sólo en su capilla particular, contigua a su habitación en el décimo piso del Policlínico, donde leyó el Breviario y rezó parte del rosario. A las cinco de la mañana concelebró la Misa con su secretario, monseñor Stanislao Dziwisz."

Ayúdame, Madre mía, a rezar todos los días. Que no acepte excusas. Que no deje de dedicarte un rato aunque esté cansado. Quiero que me resulte necesario rezar. Gracias.

Puedes comentar ahora con el Señor el comportamiento de Juan Pablo II, y ver si también en tu vida las cosas de los demás están por delante de tu bienestar o malestar.

Día 30. El pecado de los paganos

Cuando vamos en el coche, estamos en una habitación o en cualquier lugar y olemos mal... enseguida buscamos de dónde sale ese olor. Aunque no sepamos qué, algo tiene que haber.

Puede ocurrir algo peor: que realmente huela

mal, pero que uno no detecte ese mal olor; es peor porque significaría que algo podrido anda cerca, pero por haberme acostumbrado, no soy capaz de percibirlo. Habría perdido la *sensibilidad* para captar olores, no sería capaz de distinguir el buen y el mal olor: todo me resultaría igual.

¿Por qué digo esto? Porque los primeros cristianos decían que el pecado de los paganos era la *insensibilidad*. ¡Resulta fantástico! Se daban cuenta de que a los paganos les faltaba la sensibilidad para captar lo que huele bien y lo que huele mal, para distinguir entre lo bueno y lo malo, para diferenciar entre lo bello y lo feo.

Hace poco traían a mi casa un mueble nuevo muy pesado. El chico que transportaba el paquete embalado llevaba una camiseta negra con unas letras grabadas en la espalda: 'El mal te invita a su fiesta'. Parece que el mundo, cuando se paganiza, considera que la fiesta necesita de lo malo. Como si lo bueno fuese lo aburrido y lo malo lo divertido. 'Con bondad no hay quien haga fiesta', parecen pensar muchos.

¿Realmente es así? ¿Es verdad que para pasarlo bien hace falta hacer el mal? Los primeros cristianos hicieron un buen diagnóstico: cuando se pierde la sensibilidad ocurre eso.

Ahora que vivimos la alegría de que ha resucitado Jesús y nos ha dado una vida nueva, podemos ver si continuamos un poco paganizados: si nos atrae el bien y nos duele el mal... o si, por el contrario, el bien nos deja indiferentes y el mal nos atrae hasta parecernos que la única forma de pasarlo bien es haciendo también el mal.

El día en que celebramos la absoluta bondad de nuestra Madre, decía Benedicto XVI: "Precisamente en la fiesta de la Inmaculada Concepción brota en nosotros la sospecha de que una persona que no peca para nada, en el fondo es aburrida; que le falta algo en su vida: la dimensión dramática de ser autónomos; que la libertad de decir no, el bajar a las tinieblas del pecado y querer actuar por sí mismos forma parte del verdadero hecho de ser hombres; que sólo entonces se puede disfrutar a fondo de toda la amplitud y la profundidad del hecho de ser hombres, de ser verdaderamente nosotros mismos; que debemos poner a prueba esta libertad, incluso contra Dios, para llegar a ser realmente nosotros mismos. En una palabra, pensamos que en el fondo el mal es bueno, que lo necesitamos, al menos un poco, para experimentar la plenitud del ser.

"En el día de la Inmaculada debemos aprender más bien esto: el hombre que se abandona totalmente en las manos de Dios no se convierte en un títere de Dios, en una persona aburrida y conformista; no pierde su libertad. Sólo el hombre que se pone totalmente en manos de Dios encuentra la verdadera libertad, la amplitud grande y creativa de la libertad del bien. El hombre que se dirige hacia Dios no se hace más pequeño, sino más grande, porque gracias

a Dios y junto con él se hace grande, se hace divino, llega a ser verdaderamente él mismo. El hombre que se pone en manos de Dios no se aleja de los demás, retirándose a su salvación privada; al contrario, sólo entonces su corazón se despierta verdaderamente y él se transforma en una persona sensible y, por tanto, benévola y abierta. (...)
"María está ante nosotros como signo de consuelo, de aliento y de esperanza. Se dirige a nosotros, diciendo: "Ten la valentía de osar con Dios. Prueba. No tengas miedo de él. Ten la valentía de arriesgar con la fe. Ten la valentía de arriesgar con la bondad. Ten la valentía de arriesgar con el corazón puro. Comprométete con Dios; y entonces verás que precisamente así tu vida se ensancha y se ilumina, y no resulta aburrida, sino llena de infinitas sorpresas, porque la bondad infinita de Dios no se agota jamás""[26].

María, quiero creer estas palabras que tu vida nos sugiere. ¿En qué cosas me parece que el bien ha dejado de atraerme, y el mal me atrae demasiado? ¿Qué momentos o costumbres de mi vida me tienen esclavizado, y aun sabiendo que son malas me parecen imprescindibles para divertirme en la vida? Ayúdame, Madre buena, a ganar en sensibilidad.

AHORA TE TOCA A TI HABLAR A DIOS CON TUS PALABRAS, COMENTÁNDOLE TUS INSENSIBILIDADES O LO QUE QUIERAS.

1 *Dios y mundo*, deBolsillo, Barcelona 2002, págs. 12-13.
2 *Camino de perfección* 31.
3 *Para nosotros*, tomo 1, editorial Nuevo Schönstatt, 1991, p. 176.
4 Jesús G. Sánchez-Colomer. Revista Alba, 19 marzo, págs. 14-15.
5 El Martirio de los hermanos Macabeos.
6 Salmo 149 y Laudes Domingo de Pascua.
7 Chus Villarroel o.p., *Pedro Reyero*, publicación del autor, Madrid 1999, pags. 9ss.
8 Chiara Lubich, *Meditaciones*. Ed. Ciudad Nueva, pág. 59.
9 Chiara Lubich, *Meditaciones*. Ed. Ciudad Nueva, pág. 60.
10 *Padres Apostólicos*. Daniel Ruiz Bueno. BAC. 1967, pág. 678-682. En José Antonio Marín Jiménez, Por los caminos de San Pablo. Estella (Navarra) 2005, Ed. Verbo Divino. Págs. 105-106.
11 *Dios y mundo*, de Bolsillo, Barcelona 2002, pág. 110.
12 Joseph Ratzinger, *Escatología*, Herder, Barcelona 1992, pág. 76.
13 Pedro Luis Narváez, *Orar con Teresa de Jesús*. Desclée de Brouwer, Bilbao, 2000. 6.9, 9.9 y 17.9.
14 Diario, n. 1286.
15 Chiara Lubich, *Meditaciones*. Ed. Ciudad Nueva, pág. 45.
16 Muriel Sark, *Curriculum Vitae*, Londres 1992, pág. 202, citado en Joseph Pearce, *Escritores conversos*, Palabra, Madrid 2006, pág. 370.
17 Pedro Jesús Lasanta, *Diccionario de Enseñanzas del Card. Ratzinger*. Ed. Horizonte, Logroño, 2004, pág. 27, nº 24.
18 *La voz a ti debida*, Se te está viendo la otra.
19 Cfr. Daniel 3, 56-88.
20 *Reportajes desde la cumbre*, pág. 53
21 *Bien venido, Amor*, pág. 90.
22 *Las golondrinas nunca saben la hora*, pág. 274
23 De mi libro *Dios en on*, capítulo La dependencia, Desclée De Brouwer, Bilbao 2007.
24 *Niños ante Dios*, Editorial Patris, Santiago de Chile 1994, p. 296.
25 Oración después de la comunión, Domingo de la XXIX semana del Tiempo Ordinario.
26 8 de diciembre de 2005.

www.manglanitos.es
pedidos@manglanitos.es

Títulos de la colección

enero	Empezando el año. Nuevos cristianos.
febrero	Dios Padre. Bautismo. Hijos de Dios.
cuaresma	40 días para convertirnos al amor.
marzo	Ser cristiano: rasgos de familia.
abril	¡Resucitó! Apóstoles de la alegría.
mayo	El mes de María.
junio	Corazón de Jesús. Corazón de María. Corazones cristianos.
julio	Ser hombre, ser mujer. Virtudes humanas.
agosto	Cuidar los amores. El tiempo. La fe.
septiembre	Bienaventuranzas. Mandamientos.
octubre	Las siete capitales del alma: virtudes y pecados
noviembre	La vida aquí. El cambio. La vida allá.
dicièmbre	Adviento. Novena a la Inmaculada. Navidad.
espíritu santo	Decenario. Confirmación.
corpus christi	Octava del Cuerpo y Sangre de Jesús. Bendición con el Santísimo.